KB262886

살아있는 한국어

한자성어

저자 김선정 · 강진숙 · 윤애숙 · 임현정

저자 약력

김선정
University of London(SOAS) 언어학 박사
계명대학교 한국문화정보학과 교수
계명대학교 한국어 학당 소장

강진숙
계명대학교 대학원 외국어로서의 한국어교육
학과
계명대학교 한국어학당 강사

윤애숙
고려대학교 영어교육학 석사
한국외국어대학교 문화콘텐츠학과 박사과정
계명대학교 한국어학당 강사

임현정
계명대학교 대학원 외국어로서의 한국어교육
학과
계명대학교 한국어학당 강사

● 일러스트레이터 유겨레

살아있는 한국어 한자성어

초판발행	2007년 12월 5일
초판 7쇄	2021년 8월 25일

저자	김선정, 강진숙, 윤애숙, 임현정
책임 편집	권이준, 양승주
펴낸이	엄태상
콘텐츠 제작	김선웅, 김현이, 유일환
마케팅	이승욱, 전한나, 왕성석, 노원준, 조인선, 조성민
경영기획	마정인, 조성근, 최성훈, 정다운, 김다미, 오희연
물류	정종진, 윤덕현, 양희은, 신승진

펴낸곳	한글파크
주소	서울시 종로구 자하문로 300 시사빌딩
주문 및 교재 문의	1588-1582
팩스	0502-989-9592
홈페이지	http://www.sisabooks.com
이메일	book_korean@sisadream.com
등록일자	2000년 8월 17일
등록번호	1-2718호

ISBN	978-89-5518-646-8 14710
	978-89-5518-643-7 (set)

　외국어 학습에 있어서 목표 문화를 이해하는 것은 언어 학습만큼 중요하다. 따라서 외국어로서의 한국어 교육에 있어서 한국인의 생각과 느낌이 담긴 관용어, 속담, 한자성어 등은 한국의 문화를 교육하는 데 중요한 자료가 된다. 이에 따라 계명대학교 한국어학당에서는 관용어, 속담, 한자성어를 이용한 한국 문화 교재 시리즈를 집필하게 되었는데 본 교재는 그 중의 하나로 한자성어를 이용한 한국어 및 한국문화 학습 교재이다.

　한자성어는 한자 자체도 어려울 뿐 아니라 개별 한자의 뜻을 안다할지라도 의미를 파악하기 어렵다는 점에서 교육의 필요성이 있다. 또한 학문을 목적으로 한국어를 배우고 있거나 신문이나 방송 등의 매체를 통한 정보를 이해하고, 나아가 수준 높은 한국어 구사를 목적으로 하는 학습자들은 한자성어를 알아야 한다. 한자성어 학습은 한국인의 삶과 의식, 사회상을 담은 다양한 글의 맥락 속에서 이루어질 때 더욱 효과적일 것이다. 따라서 본 교재는 한국어 중·고급 학습자를 대상으로 문화요소를 반영한 읽기 교재를 통해 한자성어를 익히게 하는 데 그 목적이 있다.

　본 교재는 한자성어 교육을 통해 한국어 능력을 향상시킴은 물론이고 한국의 문화와 한국인의 사고방식을 쉽고 재미있게 배우고 익힐 수 있도록 구성하였다. 교재에 실은 50개의 한자성어는 관련 서적을 참고하여 출현빈도가 높은 250개를 1차로 선정한 후 대학생을 대상으로 설문조사를 실시하여 일상생활에서의 사용빈도가 높은 순으로 최종 선정(선정 기준 및 절차는 '한자성어 교재 개발의 구성 방향 및 단원 제시', 『외국어교육』14권 2호를 참고할 것) 된 것이다. 유래가 되는 고사가 손상 또는 변형되어 현재와 쓰임이나 의미가 달라진 경우나 한시 등에서 따옴으로써 이야기가 담긴 글로 엮기가 어려운 경우에는 이해하기 쉽게 개작하였다. 이 책의 목적이 한국어 학습에 있기 때문에 고사에 관한 정확한 내용보다는 다양한 계층에 속한 한국인들의 다양한 삶의 모습을 다각도에서 담으려 노력했다.

　이 교재를 포함하여 계명대학교 한국어학당에서 개발한 한국문화 교재 시리즈는 교육인적자원부(2005년 한국어 연수프로그램 지원사업)와 계명대학교의 공동 지원에 힘입어 이루어졌다. 여러 사람이 팀을 이루어 작업을 하였는데 한자성어 편은 김선정, 강진숙, 윤애숙, 임현정이 중심이 되어 작업하였고 본교 한국문화정보학과 학생들이 연구보조원으로 참여하였다. 어려운 작업을 함께해 준 모든 분들께 감사의 뜻을 전한다.

　끝으로 이 책을 세상에 내놓을 수 있도록 애써 주신 랭기지플러스의 편집진 여러분께 감사의 뜻을 전한다.

2007년 12월
저자를 대표하여
김 선 정

차례 Contents

전체의 과는 50개로 구성되어 있으며 각 과의 구성은 다음과 같다.

1 그림

'**그림**'을 제시하여 대화문을 학습하기 전 해당 한자성어의 의미를 유추해 볼 수 있도록 한다. 이 과정을 통하여 학습자들은 해당 한자성어에 대한 호기심과 흥미를 갖게 된다.

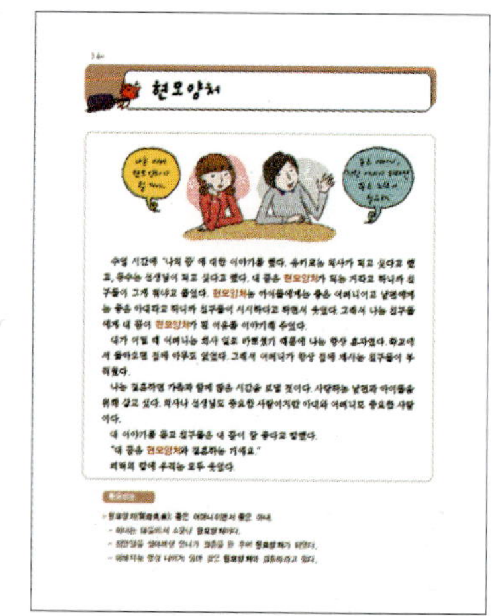

2 본문

'**본문**'은 한국 생활을 반영하는 다양한 글을 통해서 자연스럽게 해당 한자성어를 익힐 수 있도록 구성하였다. 따라서 각 한자성어들이 어떤 상황과 맥락에서 어떤 형태로 사용되는지를 알게 된다. 또한 '**활용예문**'을 통해 더욱 다양한 예문들을 익힘으로써 해당 한자성어의 쓰임을 좀 더 확장시킬 수 있다.

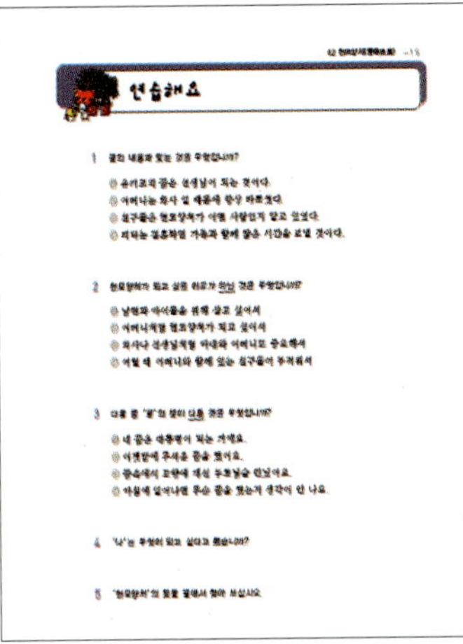

3 연습해요

'연습해요'는 해당 한자성어의 용례에 대한 문제 뿐 아니라 이 책이 읽기 영역에 중점을 둔 교재라는 점에서 새 어휘나 본문에 대한 이해도를 점검하는 다양한 형식의 문제들로 구성하였다.

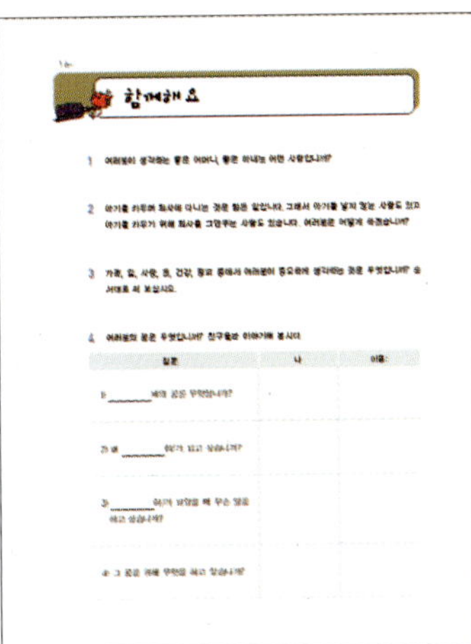

함께해요 4

'함께해요'는 해당 한자성어와 관련된 재미있는 게임이나 퍼즐, 조사활동, 이야기완성하기 등의 창조적 학습활동뿐 아니라 주어진 질문으로 학습자간의 토론을 유도함으로써 학습자들은 그 과정에서 자연스럽게 해당 한자성어가 쓰이는 상황을 이해하고 사용할 수 있게 된다.

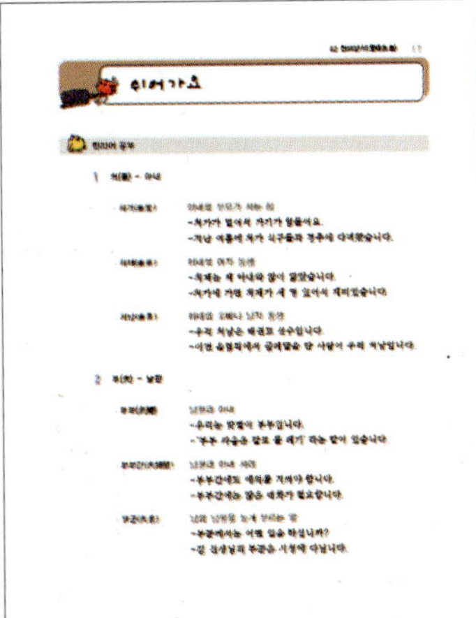

5 쉬어가요

'쉬어가요'는 해당 한자성어와 연관된 흥미로운 읽을거리를 제공하고, 한자성어에 나오는 한자를 사용하는 한자어 어휘들을 확장시키고, 한국의 풍습을 소개함으로써 학습과 흥미를 동시에 제공한다.

01 일석이조(一石二鳥)

일석이조

　학교에서 내 친구 동수를 만났다. 나는 동수에게 수업이 끝난 후에 함께 점심을 먹자고 했다. 내가 한턱내겠다고 했더니 동수는 무슨 좋은 일이 있느냐고 물었다. 그래서 나는 어제 있었던 일을 이야기해 주었다.

　나는 매일 지하철을 타고 집에 간다. 어제도 집에 가려고 지하철역에 갔는데 그곳에서 큰 가방을 들고 가시는 할머니를 보았다. 할머니는 조금 걷다가는 계단에 앉아서 쉬셨다. 할머니의 가방은 아주 무거워 보였지만 도와주는 사람이 아무도 없었다. 나는 버스정류장까지 할머니의 가방을 들어 드렸다.

　그런데 차가 고장이 나서 지하철로 퇴근하시던 아버지가 할머니를 도와드리는 나를 보셨다. 집에 돌아온 아버지는 내가 무척 자랑스러웠다고 칭찬하면서 용돈을 주셨다. 나는 할머니를 도와드려서 기분도 좋았고 착한 일을 했다고 아버지한테 용돈도 받았다.

　내 이야기를 들은 동수는 이런 것이 바로 **일석이조**라고 했다.

활용예문

▶ **일석이조(一石二鳥): 동시에 두 가지 이득을 봄.**
- **일석이조**는 돌 한 개로 새 두 마리를 잡는다는 뜻이래요.
- 시험을 잘 보면 기분도 좋고 장학금도 받으니 **일석이조**예요.
- 도서관에서 아르바이트를 하면 책도 많이 읽고 용돈도 벌 수 있으니까 **일석이조**예요.

연습해요

1 글의 내용과 맞는 것은 무엇입니까?

① 아버지는 항상 지하철로 퇴근하신다.
② 나는 지하철역에서 아버지를 만났다.
③ 나는 용돈을 받기 위해서 착한 일을 했다.
④ 나는 버스정류장까지 할머니의 가방을 들어드렸다.

2 다음 단어를 사용하여 문장을 만들어 보십시오.

> **보기**
>
> 용돈　　퇴근　　고장　　칭찬

1) _________ 들으면 언제나 기분이 좋아요.

2) _________ 시간에는 항상 길이 복잡해요.

3) 컴퓨터가 _________ 나서 숙제를 못했어요.

4) 동수는 _________ 모아서 어머니 생신 선물을 샀어요.

3 '나'는 왜 동수에게 한턱내겠다고 했습니까?

4 동수가 말한 '일석이조'는 무엇입니까?

5 다음 중 '일석이조'의 예가 <u>아닌</u> 것은 무엇입니까?

① 산에 나무가 많으면 공기도 좋고 경치도 좋다.
② 늦게 일어나서 아침도 못 먹고 수업에도 늦었다.
③ 매일 아침 운동을 해서 건강도 좋아지고 살도 빠졌다.
④ 열심히 공부해서 시험도 잘 보고 부모님께 칭찬도 들었다.

함께해요

1 여러분은 한 가지 행동으로 두 가지의 이익을 본 적이 있습니까?

2 한국에는 '일석이조'와 비슷한 뜻으로 '꿩 먹고 알 먹는다'라는 말이 있습니다. 여러분 나라에도 비슷한 뜻의 말이 있습니까?

3 좋은 일을 한 적이 있습니까? 좋은 일을 한 후 어떤 일이 일어났습니까?

4 무엇이 일석이조입니까?

이것을 하면	일석이조입니다
1) 아르바이트를 하면	일도 배우고 용돈도 버니까 일석이조입니다.
2) 유학을 가면	
3) 여행을 하면	
4) 운동을 하면	
5) 한국어를 공부하면	

숫자와 관련된 한자 성어를 배워 봅시다.

- 일문일답(一問一答)　　한 번의 물음에 대하여 한 번 대답함
- 일사천리(一瀉千里)　　어떤 일이 빨리 진행됨
- 일확천금(一攫千金)　　한 번에 쉽게 많은 돈(1000금)을 얻음
- 유일무이(唯一無二)　　오직 하나뿐이고 둘도 없음
- 삼삼오오(三三五五)　　서너 사람 또는 대여섯 사람이 모여 있는 모양
- 삼척동자(三尺童子)　　키가 작은(3척) 어린아이
- 작심삼일(作心三日)　　결심이 사흘을 가지 못함
- 칠전팔기(七顚八起)　　일곱 번 넘어지고 여덟 번 일어남

　　　　　　　　　　　　포기하지 않고 노력함
- 오십보백보(五十步百步)　잘하고 못하는 차이가 없음
- 백년해로(百年偕老)　　부부가 되어 한 평생을 사이좋게 살며 함께 늙음

02 현모양처(賢母良妻)

현모양처

　수업 시간에 '나의 꿈'에 대한 이야기를 했다. 유키코는 의사가 되고 싶다고 했고, 동수는 선생님이 되고 싶다고 했다. 내 꿈은 **현모양처**가 되는 거라고 하니까 친구들이 그게 뭐냐고 물었다. **현모양처**는 아이들에게는 좋은 어머니이고 남편에게는 좋은 아내라고 하니까 친구들이 시시하다면서 웃었다. 그래서 나는 친구들에게 내 꿈이 **현모양처**가 된 이유를 이야기해 주었다.

　내가 어렸을 때 어머니는 회사 일로 바쁘셨기 때문에 나는 항상 혼자였다. 학교에서 돌아오면 집에 아무도 없었다. 그래서 어머니가 항상 집에 계시는 친구들이 부러웠다. 그 때 나는 내가 어른이 되면 좋은 엄마가 되고 싶다는 생각을 했다.

　나는 결혼하면 가족과 함께 많은 시간을 보낼 것이다. 사랑하는 남편과 아이들을 위해 살고 싶다. 의사나 선생님도 중요한 사람이지만 아내와 어머니도 중요한 사람이다.

　내 이야기를 듣고 친구들은 내 꿈이 참 좋다고 말했다.

　"내 꿈은 **현모양처**와 결혼하는 거예요."

　피터의 말에 우리는 모두 웃었다.

활용예문

▶ **현모양처(賢母良妻)**: 좋은 어머니이면서 좋은 아내.

　– 아내는 마을에서 소문난 **현모양처**이다.

　– 집안일을 싫어하던 언니가 결혼을 한 후에 **현모양처**가 되었다.

　– 아버지는 항상 나에게 엄마 같은 **현모양처**와 결혼하라고 했다.

연습해요

1 글의 내용과 맞는 것은 무엇입니까?

① 유키코의 꿈은 선생님이 되는 것이다.
② 어머니는 회사 일 때문에 항상 바쁘셨다.
③ 친구들은 현모양처가 어떤 사람인지 알고 있었다.
④ 피터는 결혼하면 가족과 함께 많은 시간을 보낼 것이다.

2 현모양처가 되고 싶은 이유가 <u>아닌</u> 것은 무엇입니까?

① 남편과 아이들을 위해 살고 싶어서
② 어머니처럼 현모양처가 되고 싶어서
③ 의사나 선생님처럼 아내와 어머니도 중요해서
④ 어릴 때 어머니와 함께 있는 친구들이 부러워서

3 다음 중 '꿈'의 뜻이 <u>다른</u> 것은 무엇입니까?

① 내 꿈은 대통령이 되는 거예요.
② 어젯밤에 무서운 꿈을 꿨어요.
③ 꿈에서 고향에 계신 부모님을 만났어요.
④ 아침에 일어나면 무슨 꿈을 꿨는지 생각이 안 나요.

4 '나'는 무엇이 되고 싶다고 했습니까?

5 '현모양처'의 뜻을 글에서 찾아 쓰십시오.

함께해요

1 여러분이 생각하는 좋은 어머니, 좋은 아내는 어떤 사람입니까?

2 아기를 키우며 회사에 다니는 것은 힘든 일입니다. 그래서 아기를 낳지 않는 사람도 있고 아기를 키우기 위해 회사를 그만두는 사람도 있습니다. 여러분은 어떻게 하겠습니까?

3 가족, 일, 사랑, 돈, 건강, 종교 중에서 여러분이 중요하게 생각하는 것은 무엇입니까? 순서대로 써 보십시오.

4 여러분의 꿈은 무엇입니까? 친구들과 이야기해 봅시다.

질문	나	친구
1) _________씨의 꿈은 무엇입니까?		
2) 왜 _________이/가 되고 싶습니까?		
3) _________이/가 되면 무슨 일을 하고 싶습니까?		
4) 그 꿈을 위해 무엇을 하고 있습니까?		

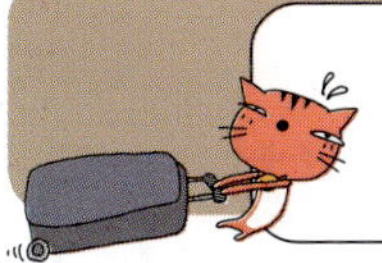

한자어 공부

1 처(妻) – 아내

• 처가(妻家)   아내의 부모가 사는 집
－처가가 멀어서 가기가 힘들어요.
－지난 여름에 처가 식구들과 경주에 다녀왔습니다.

• 처제(妻弟)   아내의 여자 동생
－처제는 제 아내와 많이 닮았습니다.
－처가에 가면 처제가 세 명 있어서 재미있습니다.

• 처남(妻男)   아내의 오빠나 남자 동생
－우리 처남은 태권도 선수입니다.
－이번 올림픽에서 금메달을 딴 사람이 우리 처남입니다.

2 부(夫) – 남편

• 부부(夫婦)   남편과 아내
－우리는 맞벌이 부부입니다.
－ '부부 싸움은 칼로 물 베기' 라는 말이 있습니다.

• 부부간(夫婦間)   남편과 아내 사이
－부부간에도 예의를 지켜야 합니다.
－부부간에는 많은 대화가 필요합니다.

• 부군(夫君)   남의 남편을 높게 부르는 말
－부군께서는 어떤 일을 하십니까?
－김 선생님의 부군은 시청에 다닙니다.

03
막상막하(莫上莫下)

막상막하

오늘 체육대회를 했다. 한국 학생과 외국 학생이 함께 경기를 했다. 나는 청팀이고 내 친구 동수와 유키코는 백팀이었다.

첫 번째 경기는 축구였는데 백팀이 먼저 한 골을 넣었다. 하지만 우리 팀이 두 골을 넣어서 2 대 1로 이겼다. 기분이 아주 좋았다.

다음 경기는 줄다리기였다. 선생님들은 노래를 부르며 응원하셨다. 우리 팀은 열심히 줄을 당겼지만 백팀에게 졌다. 줄다리기가 끝난 후에 학교 식당에서 점심으로 맛있는 비빔밥을 먹었다.

오후에는 제기차기를 했다. 제기차기는 한국의 전통놀이인데 오늘 처음 해 봤다. 어려웠지만 아주 재미있었다. 동수가 20개를 차서 백팀이 또 이겼다.

마지막 경기는 달리기였다. "피터, 달려." 선생님과 친구들이 응원해 주었다. 나는 열심히 달려서 1등을 했다. 오늘 체육대회는 청팀과 백팀이 2 대 2로 비겼다. 정말 **막상막하**였다.

활용예문

▶ **막상막하(莫上莫下)**: 더 잘하고 더 못하는 차이가 거의 없음.
- 민지와 지영은 늘 **막상막하**로 1·2등을 한다.
- 피터와 동수가 **막상막하**로 달렸는데 피터가 이겼다.
- 한국과 독일 축구팀의 경기를 봤어요? 정말 **막상막하**였어요.

연습해요

1 글의 내용과 <u>다른</u> 것은 무엇입니까?

❶ 달리기는 청팀이 이겼다.
❷ 청팀과 백팀은 2 대 2로 비겼다.
❸ 나는 제기차기를 해 본 적이 있다.
❹ 축구 경기에서 첫 번째 골은 백팀이 넣었다.

2 오전에는 무슨 경기를 했습니까? 모두 쓰십시오.

3 글의 순서에 맞게 쓰십시오.

(   ) → (   ) → (   ) → (   )

> 가. 나는 달리기에서 일등을 했다.
> 나. 학교 식당에서 점심을 먹었다.
> 다. 동수가 제기차기를 20개 했다.
> 라. 축구 경기는 우리 팀이 이겼다.

4 다음 단어를 사용하여 문장을 만들어 보십시오.

보기		
경기	일등	기분

1) 지난 주말에 친구와 축구 _____ 봤어요.

2) 아기가 목욕을 한 후 _____ 좋아졌어요.

3) 이번 시험에서 _____ 한 피터가 한턱냈어요.

함께해요

1 그림을 보고 '막상막하'를 사용해서 문장을 만드십시오.

1)

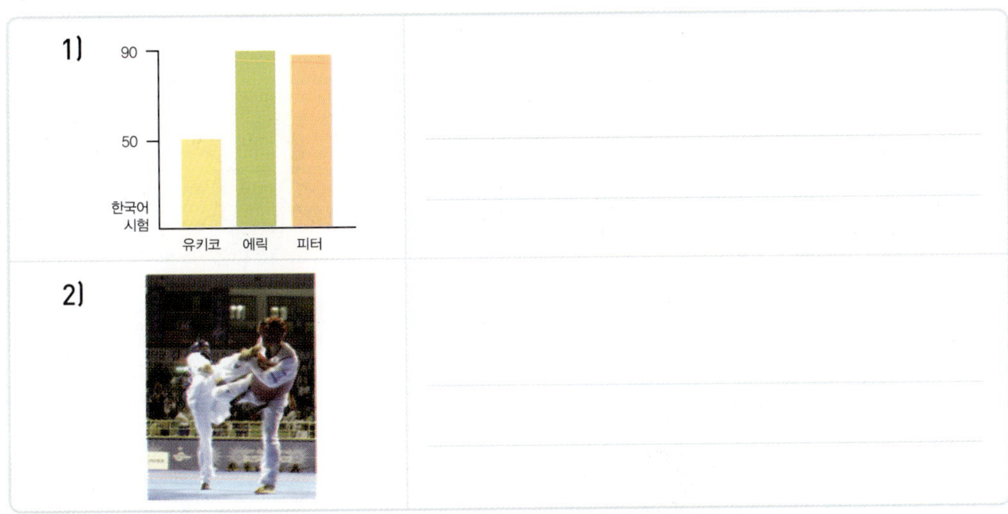

2)

2 체육대회를 하려고 합니다. 무슨 경기를 하면 좋겠습니까? 체육대회 프로그램을 만들어 봅시다.

체육대회

날짜:

시간:

장소:

	(09 : 00 ~ 09 : 50)	축 구
오전	(: ~ :)	
	(: ~ :)	
	점심시간	
	(: ~ :)	
오후	(: ~ :)	
	(: ~ :)	

한국의 전통놀이

줄다리기	제기차기
씨름	윷놀이
그네뛰기	투호

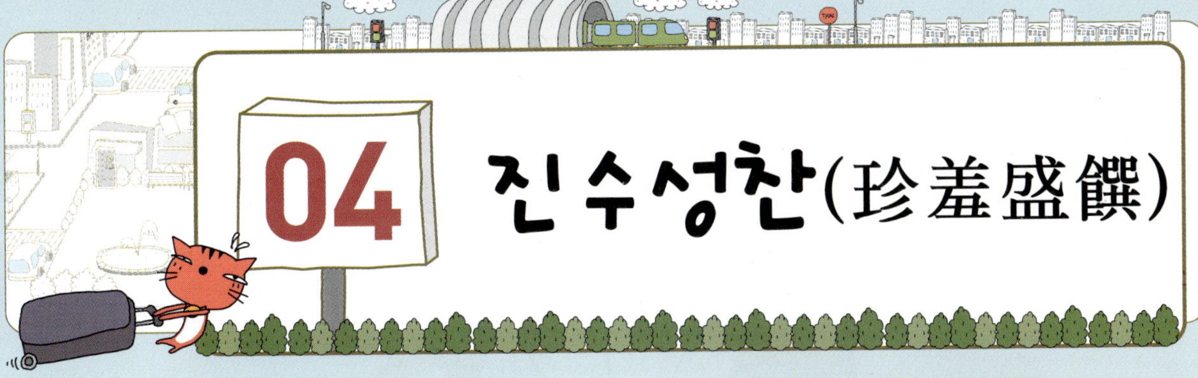

04 진수성찬(珍羞盛饌)

진수성찬

민지는 기숙사에서 살다가 지난주에 학교 앞으로 이사를 했다. 그래서 같이 공부하는 우리를 초대했다. 한국에서는 이사를 하면 친한 사람들을 집으로 초대해서 같이 밥을 먹는데 이것을 집들이라고 한다고 들었다.

집들이에 초대를 받으면 선물로 휴지와 가루비누를 사 간다고 한다. 그래서 피터와 나는 휴지를 사고 동수는 가루비누를 사서 민지 집에 갔다.

민지는 아침에 일찍 일어나서 방도 깨끗이 청소하고 음식도 많이 준비했다. 요리하는 것이 취미인 민지는 우리를 위해서 한국 음식과 여러 나라의 음식을 준비했다. 불고기, 김밥, 샐러드, 초밥, 스파게티, 탕수육…….

우리는 민지가 준비한 많은 음식을 보고 놀랐다. 나도 한국에 와서 이런 **진수성찬**은 처음 보았다. 민지가 만든 음식은 모두 맛있었다. 우리는 민지와 결혼할 남자는 행복할 거라고 말하며 웃었다.

활용예문

▶ **진수성찬(珍羞盛饌):** 맛있게 만든 여러 가지 음식.
- **진수성찬**이라도 혼자 먹으면 맛이 없어요.
- 지금은 **진수성찬**이 있어도 배가 불러서 못 먹겠어요.
- 어머니께서는 아버지의 생신에 **진수성찬**을 준비하셨다.

연습해요

1 글의 내용과 맞는 것은 무엇입니까?

❶ 한국에서는 집을 살 때만 집들이를 한다.
❷ 피터와 동수는 집들이 선물로 휴지를 샀다.
❸ 나는 한국에 와서 진수성찬을 자주 먹었다.
❹ 우리는 민지가 준비한 진수성찬을 맛있게 먹었다.

2 오늘 민지가 한 일이 아닌 것을 고르십시오.

❶ 많은 음식을 만들었다.
❷ 방을 깨끗이 청소했다.
❸ 기숙사에서 이사를 했다.
❹ 친구들을 초대해 집들이를 했다.

3 민지는 우리를 왜 초대했습니까?

4 '집들이'의 뜻을 글에서 찾아 쓰십시오.

5 '나'는 민지가 만든 음식을 왜 진수성찬이라고 생각했습니까?

함께해요

1   한국에서는 이사를 하거나 결혼식 후에 진수성찬을 준비하고 손님을 초대합니다. 여러분 나라에서는 언제 진수성찬을 준비하고 손님을 집으로 초대합니까?

2   여러분은 친구 집에 초대받으면 무슨 선물을 사 갑니까? 선물하면 안 되는 것도 있습니까?

3   여러분은 잘 만드는 음식이 있습니까? 만드는 방법을 써 봅시다.

1) 무슨 음식이에요?

2) 무엇이 필요해요?

3) 어떻게 만들어요?

굽다	볶다	끓이다	썰다
튀기다	삶다	찌다	섞다

쉬어가요

여러 나라의 맛있는 음식

여러분 나라의 유명한 음식은 무엇입니까? 여러 나라의 유명한 음식을 알아봅시다

여러분 나라	➡ (　　　　　　　), (　　　　　　　)
한국	➡ 불고기, (　　　　　　　)
일본	➡ 스시 Susi, (　　　　　　　)
중국	➡ 카오야 Beijing duck, (　　　　　　　)
프랑스	➡ 푸아그라 Foie gras, (　　　　　　　)
이탈리아	➡ 스파게티 Spaghetti, (　　　　　　　)
스페인	➡ 빠에야 Paella, (　　　　　　　)
멕시코	➡ 나초 Nacho, (　　　　　　　)
미국	➡ (　　　　　　　), (　　　　　　　)
독일	➡ (　　　　　　　), (　　　　　　　)

05 천진난만(天眞爛漫)

천진난만

여러분은 여자 친구를 어떻게 만났습니까?

제 여자 친구는 스물네 살의 유치원 선생님이고, 한국 사람입니다. 2년 전 교환학생으로 한국에 왔을 때 만났습니다. 지금부터 캐나다에서 온 교환학생이 어떻게 한국 여자 친구를 만났는지 이야기해 드리겠습니다.

한국에서 한 학기를 보내고 겨울방학이 되었습니다. 날씨는 춥고 캐나다에 있는 가족들이 보고 싶어서 저는 기분이 좋지 않았습니다. 그래서 친구들과 함께 놀이 공원에 갔습니다. 크리스마스라서 가족과 함께 온 사람들이 많았습니다. 놀이 기구를 타기 위해 오랫동안 줄을 서서 기다려야 했지만 모두들 행복해 보였습니다.

그때 노란 털모자를 쓴 여자가 아이들과 함께 솜사탕을 먹는 것을 보았습니다. 아이들과 장난 치며 웃는 모습이 참 예뻐 보였습니다. 저는 한국말을 잘 못했지만 용기를 내서 그 여자에게 걸어갔습니다.

저는 천진난만한 그 여자를 좋아하게 되었고 우리는 행복한 크리스마스를 보내게 되었습니다.

▶ 천진난만(天眞爛漫): 말이나 행동이 꾸밈없이 아이처럼 순진함.
 – 천진난만한 아기의 얼굴을 보세요.
 – 내 여자 친구는 어린 아이처럼 천진난만하다.
 – 유키코는 웃는 얼굴이 천진난만한 아이 같다.

연습해요

1 글의 내용과 맞으면 O, 틀리면 X 하십시오.

1) 여자 친구가 24살 때 처음 만났다.　　　　（　　）
2) 여자 친구를 소개하는 글이다.　　　　　　（　　）
3) 여자 친구와 만난 지 2년 되었다.　　　　　（　　）
4) 여자 친구의 천진난만한 모습이 예뻤다.　　（　　）
5) 놀이 공원에 도착했을 때 남자는 즐거웠다.（　　）

2 남자는 왜 기분이 좋지 않았습니까?

① 여자 친구가 없어서
② 천진난만한 여자를 좋아하게 되어서
③ 솜사탕을 먹고 있는 아이가 부러워서
④ 날씨는 춥고 캐나다에 있는 가족이 보고 싶어서

3 크리스마스 날 놀이공원의 모습이 <u>아닌</u> 것은 무엇입니까?

① 사람들이 많아서 복잡했다.
② 가족과 함께 온 사람들은 행복해 보였다.
③ 사람들은 놀이 기구를 타면서 즐거워했다.
④ 여자 친구는 노란 털모자를 쓴 아이들과 놀고 있었다.

4 여자 친구의 천진난만한 모습을 글에서 찾아서 쓰십시오.

1 질문을 읽고 여러분의 생각을 써 봅시다.

질문	이름
1) 아이처럼 천진난만한 친구는 누구입니까?	
2) 바다처럼 마음이 넓은 친구는 누구입니까?	
3) 개미처럼 부지런한 친구는 누구입니까?	
4) 천사처럼 착한 친구는 누구입니까?	
5) 가수처럼 노래를 잘 부르는 친구는 누구입니까?	
6) 선생님처럼 한국말을 잘하는 친구는 누구입니까?	

2 여러분의 성격은 어떻습니까?

3 여러분은 여자 친구(남자 친구)가 있습니까? 어떻게 만났습니까?

4 여러분이 생각하는 멋진 여자 친구(남자 친구)는 어떤 사람입니까?

여자 친구	남자 친구

 성격을 나타내는 말

- **성격이 밝다** 피터는 성격이 밝아서 옆에 있는 사람도 즐거워져요.

- **마음이 넓다** 그런 사람을 이해하다니, 마음이 바다처럼 넓군요!

- **적극적이다** 그 여배우는 동물 보호 운동에 적극적입니다.

- **소극적이다** 유키코는 소극적이라서 다른 사람에게 먼저 말을 하지 못합니다.

- **사교적이다** 제 동생은 사교적이라서 사람들과 만나는 것을 아주 좋아해요.

- **친절하다** 민지는 외국인에게 친절하게 길을 가르쳐 주었다.

- **부지런하다** 놀지 말고 부지런히 일하세요.

- **게으르다** 동수는 게을러서 운동하는 것을 싫어해요.

06
일편단심(一片丹心)

당신이 올 때까지
기다리겠어요.

일편단심

민지와 피터가 길을 걷고 있었다. 봄이 되어서 길에는 노란 꽃이 많이 피어 있었다. 피터가 민지에게 꽃이름을 물어보았다. 민지는 그 꽃이 민들레라고 하면서 민들레에 관한 이야기를 해 주었다.

옛날에 민들레라는 여자가 살고 있었다. 민들레에게는 사랑하는 남자가 있었다. 두 사람은 서로 깊이 사랑해서 결혼하기로 약속했다. 그런데 전쟁이 나서 남자는 전쟁터에 갔다. 민들레는 남자가 돌아오기를 기다렸지만 남자는 돌아오지 않았다.

오랜 시간이 지난 후에 남자가 죽었다는 이야기를 들었다. 민들레는 슬퍼서 밥도 먹지 않고 잠도 자지 않았다. 울기만 하던 민들레는 결국 죽고 말았다.

민들레가 사랑하는 남자를 기다리던 곳에 노란 꽃이 피었다. 사람들은 죽은 민들레가 꽃이 되었다고 생각했다. 그래서 그 꽃을 민들레라고 불렀다.

민들레의 사랑처럼 변하지 않는 마음을 **일편단심**이라고 한다.

활용예문

▶ 일편단심(一片丹心): 변하지 않는 마음.

– 무궁화의 꽃말은 **일편단심**이다.

– 로미오는 **일편단심**으로 줄리엣을 사랑했다.

– 유학 간 남자 친구를 **일편단심**으로 기다렸어요.

연습해요

1 지금은 무슨 계절입니까?

❶ 봄   ❷ 여름   ❸ 가을   ❹ 겨울

2 글의 내용과 <u>다른</u> 것은 무엇입니까?

❶ 민들레는 원래 여자의 이름이다.
❷ 민들레가 죽은 곳에 노란 꽃이 피었다.
❸ 일편단심은 항상 변하지 않는 마음이다.
❹ 민들레는 사랑하는 남자와 결혼할 수 없었다.

3 글의 순서에 맞게 쓰십시오.

(   ) → (   ) → (   ) → (   ) → (   )

가. 민들레는 슬퍼하다가 결국 죽었다.
나. 민들레는 남자를 기다렸지만 돌아오지 않았다.
다. 민들레는 남자의 죽음을 알게 되었다.
라. 민들레가 남자를 기다리던 곳에 핀 꽃을 '민들레'라고 불렀다.
마. 민들레가 사랑하던 남자는 전쟁터에 갔다.

4 다음 단어를 사용하여 문장을 만들어 보십시오.

보기

변하다   지나다   피다

1) 공원에 예쁜 장미가 __________.

2) 부모님의 사랑은 __________ 않아요.

3) 약속 시간이 __________ 친구가 안 와요.

함께해요

1 여러분 나라의 나라꽃은 무엇입니까? 꽃말은 무엇입니까? 그 꽃에 관한 재미있는 이야기가 있습니까?

나라	나라꽃	꽃말
한국	무궁화	일편단심

2 꽃들에 관한 이야기를 알아봅시다.

〈해바라기〉

클리티에(Clytie)는 태양의 신 아폴론(Apolon)을 사랑했다. 그러나 아폴론은 클리티에를 사랑하지 않았다. 클리티에는 너무 슬퍼서 아무것도 먹지 않았다. 다른 것은 보지도 않고 하루 종일 아폴론의 태양 마차가 지나가는 것만 보았다. 오랜 시간이 지난 후 클리티에의 다리는 뿌리가 되고 얼굴은 꽃이 되었다. 이 꽃이 '해바라기' 이다.

〈수선화〉

〈네잎 클로버〉

 한자어 공부

1   심(心) - 마음

- **진심(眞心)**   거짓이 없는 마음
  -졸업을 진심으로 축하합니다.
  -그 사람의 진심을 알 수 없어요.

- **애국심(愛國心)**   자기 나라를 사랑하는 마음
  -군인만 애국심이 있는 것은 아니다.
  -외국에 나가면 누구나 애국심이 생기게 마련이다.

- **양심(良心)**   옳은 말과 행동을 하려는 마음
  -양심에 따라 행동하는 것은 어렵다.
  -다른 사람의 집 앞에 쓰레기를 버리는 것은 양심 없는 행동이다.

2   신(身) - 몸

- **심신(心身)**   몸과 마음
  -일을 많이 해서 심신이 피곤하다.
  -그는 심신이 건강한 사람이다.

- **신체(身體)**   사람의 몸
  -운동을 열심히 해서 신체가 튼튼하다.
  -건강한 신체에 건강한 마음이 생긴다.

- **자신(自身)**   자기
  -그 사람은 항상 자신만 생각해요.
  -나 자신도 그 뉴스를 믿을 수 없었다.

07 모순(矛盾)

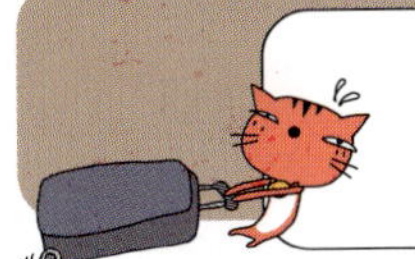

모순

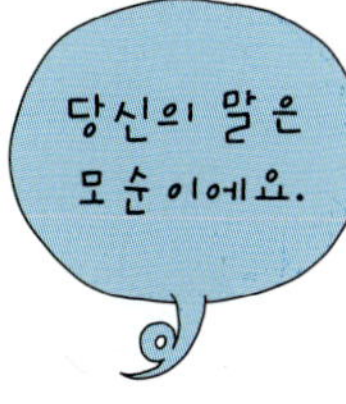

　　옛날에 시장에서 창과 방패를 파는 상인이 있었다. 상인은 사람들에게 큰 소리로 말했다.

　　"여러분! 여기 이 창을 사세요. 이 창은 아주 날카롭고 단단해서 무엇이든지 뚫을 수 있습니다."

　　그리고 조금 후에 다시 말했다.

　　"이 방패를 사세요. 아주 단단하고 튼튼해서 세상에 이 방패를 뚫을 수 있는 것은 아무것도 없습니다. 이 방패는 무엇이든지 막을 수 있습니다."

　　이 이야기를 듣고 있던 한 남자가 상인에게 물었다.

　　"참 이상하군요. 당신의 창은 무엇이든지 뚫을 수 있고, 당신의 방패는 무엇이든지 막을 수 있다고 했습니다. 그럼 그 창으로 그 방패를 찌르면 어떻게 됩니까?"

　　그러자 상인은 아무 말도 하지 못했다.

활용예문

▶ **모순(矛盾):** 어떤 사실의 앞뒤가 맞지 않음.

　– 동수의 이야기는 **모순**이 많아서 이해하기 어려웠다.

　– 전쟁을 막기 위해 무기를 만드는 것은 **모순**이라고 생각한다.

　– 콩을 안 먹으면서 무엇이든지 잘 먹는다고 하는 것은 **모순**이다.

연습해요

1 글의 내용과 <u>다른</u> 것은 무엇입니까?

① 상인은 시장에서 창과 방패를 팔았다.
② 상인의 이야기를 들은 남자는 방패를 샀다.
③ 상인은 창이 뚫지 못하는 것은 없다고 했다.
④ 상인은 방패를 뚫을 수 있는 것은 없다고 했다.

2 상인의 말은 왜 모순입니까?

3 남자의 질문에 상인은 왜 아무 말도 하지 못했습니까?

4 다음 단어를 사용하여 문장을 완성해 보십시오.

보기
날카롭다　　튼튼하다　　뚫다　　찌르다

1) 이 칼은 _________ 조심하세요.

2) 예쁜 귀고리를 하고 싶어서 귀를 ________.

3) 감자가 다 익었는지 알고 싶으면 젓가락으로 ________ 보세요.

4) 이 다리는 만든 지 100년이 지났지만 지금도 ________.

5 여러분이 상인이라면 어떻게 창과 방패를 팔겠습니까?

함께해요

 가로세로 낱말 잇기

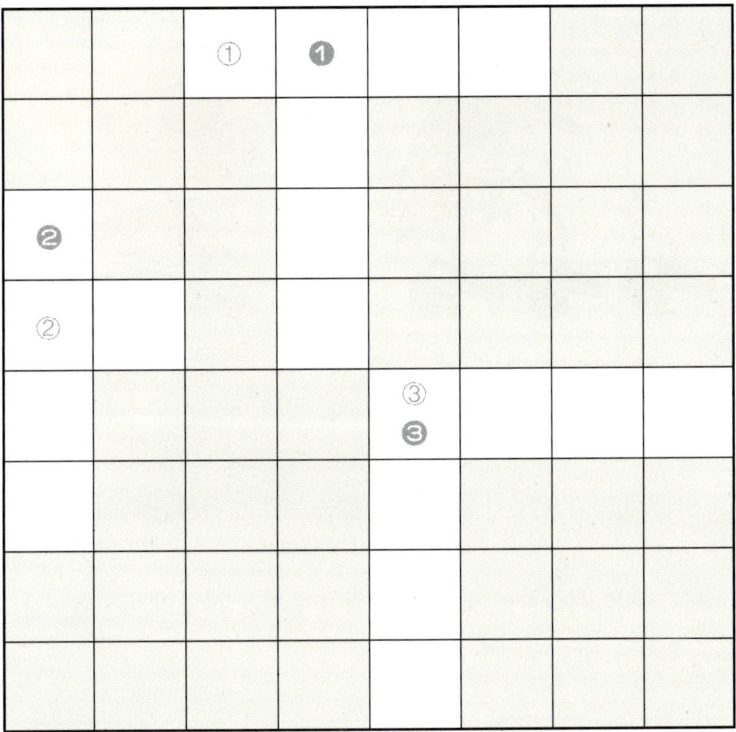

가로

① 말이나 행동이 꾸밈없이 아이처럼 순진함

② 어떤 사실의 앞뒤가 맞지 않음

③ 변하지 않는 마음

세로

❶ 맛있게 만든 여러 가지 음식

❷ 좋은 어머니이면서 좋은 아내

❸ 동시에 두 가지 이득을 봄

쉬어가요

이야기를 완성해 봅시다.

옛날에 어머니와 두 아들이 살았습니다. 첫째 아들은 짚신을 팔고, 둘째 아들은 우산을 팔았습니다. 어머니는 항상 두 아들을 걱정했습니다. 비가 오는 날에는 첫째 아들의 짚신이 팔리지 않을까 걱정을 했고, 맑은 날에는 둘째 아들의 우산이 팔리지 않을까 걱정을 했습니다.

어머니가 매일 걱정하는 것을 보고 옆집에 사는 사람이 말했습니다.

"
____
____
____
____
____"

이야기를 들은 후 어머니는 걱정을 하지 않고 매일 행복하게 살았습니다.

08
만수무강(萬壽無疆)

1월
1

만수무강

음력 1월 1일은 설날이다. 설날에는 다른 곳에서 살고 있는 가족들이 모두 모여서 조상에게 차례를 지낸다. 맛있는 음식을 차려 놓고 조상에게 절을 하고 돌아가신 분들을 생각하며 이야기한다.

차례를 지낸 후에 할아버지, 할머니, 부모님께 새해의 첫인사로 절을 하는데 이것을 세배라고 한다. 그리고 이웃 어른들에게 세배를 하러 간다. 아이들이 세배를 하면 어른들은 세뱃돈을 준다.

설날에 친척이나 아는 사람을 만나면 "새해 복 많이 받으세요.", "건강하기를 바랍니다.", "하는 일이 모두 잘 되기를 바랍니다." 등 서로 덕담을 주고 받는다. 특히 할아버지, 할머니께는 건강하게 오래 사시기를 바라는 뜻으로 "**만수무강**하시기를 바랍니다."라고 말한다.

설날 아침에는 떡국을 먹는다. 떡국을 먹으면 한 살 더 먹는다고 해서 빨리 어른이 되고 싶은 아이들은 떡국을 두세 그릇 먹기도 한다.

활용예문

▶ 만수무강(萬壽無疆): 나쁜 일 없이 건강하게 아주 오래 삶.
- 할아버지, **만수무강**하시기를 바랍니다.
- 할아버지는 매일 운동하시니까 **만수무강**하실 거예요.
- 아이들에게는 **만수무강**하기를 바란다고 말하지 않습니다.

연습해요

1 어른들이 아이들에게 하는 덕담이 <u>아닌</u> 것은 무엇입니까?

1 건강하기 바란다.
2 새해 복 많이 받아.
3 학교생활 열심히 해.
4 만수무강하기 바란다.

2 글의 내용과 <u>다른</u> 것은 무엇입니까?

1 어른들은 세배를 받고 세뱃돈을 준다.
2 세배는 새해의 첫인사로 하는 절이다.
3 떡국을 많이 먹으면 빨리 어른이 된다.
4 설날에 돌아가신 조상들에게 차례를 지낸다.

3 아이들이 설날에 떡국을 두세 그릇 먹는 이유는 무엇입니까?

4 다음 빈칸에 알맞은 말을 글에서 찾아 쓰십시오.

1) 설날에는 _______ 세배를 합니다.

2) 설날 아침에 _______ 많이 먹어서 배가 부릅니다.

3) 추석이나 설날 아침에 지내는 제사를 _______ 합니다.

5 여러분 나라에서는 새해에 어떤 덕담을 합니까?

함께해요

 한국의 전통 놀이인 '윷놀이'를 해 봅시다.

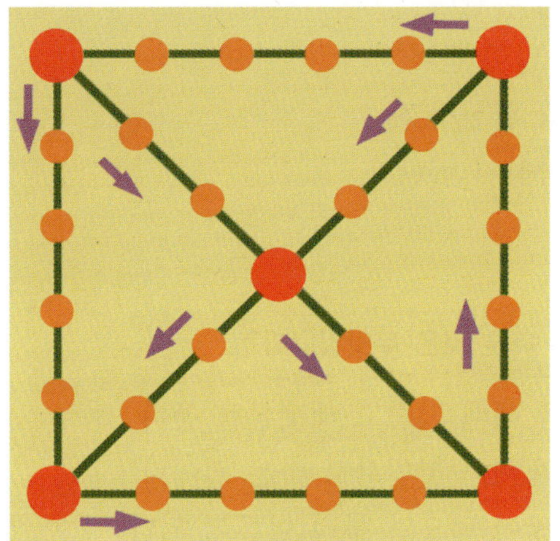

	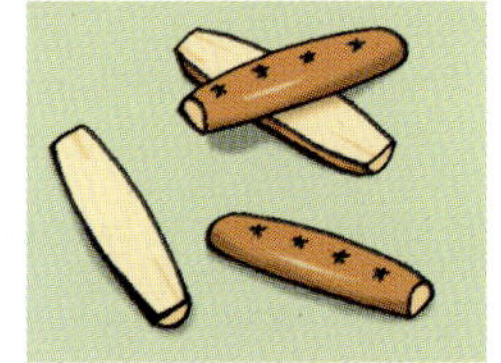	
도: 한 칸 앞으로 가세요.	개: 두 칸 앞으로 가세요.	걸: 세 칸 앞으로 가세요.
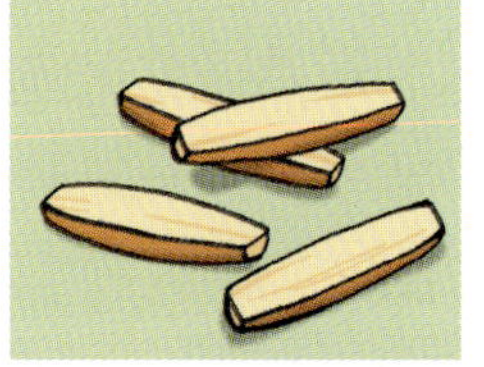		
윷: 네 칸 앞으로 가세요.	모: 다섯 칸 앞으로 가세요.	

보기
- 윷이나 모가 나오면 한 번 더 던지세요.
- 상대편 말을 잡으면 한 번 더 던지세요.
- 네 개의 말이 모두 먼저 돌아오면 이깁니다.

쉬어가요

절하는 법

1 남자가 절하는 법

❶ 왼손을 위로 하여 두 손을 잡는다.
❷ 잡은 두 손을 가슴까지 올리고 왼발을 뒤로 뺀다.
❸ 허리를 굽혀 손을 바닥에 짚는다.
❹ 왼쪽 무릎을 먼저 꿇고 오른쪽 무릎을 꿇는다.
❺ 이마를 두 손 위에 댄다.
❻ 오른쪽 무릎을 먼저 세우고 일어선다.
❼ 반절을 한다.

2 여자가 절하는 법

 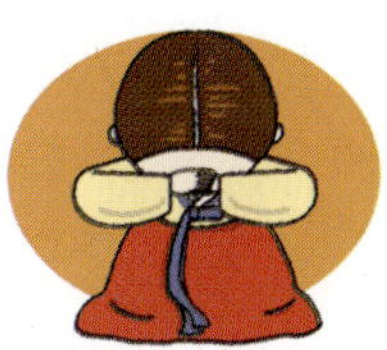 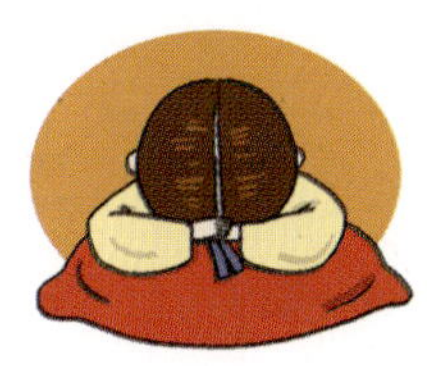 

❶ 오른손을 위로 하여 두 손을 잡는다.
❷ 잡은 두 손을 눈까지 올린다.
❸ 왼쪽 무릎을 먼저 꿇고 오른쪽 무릎을 꿇는다.
❹ 허리를 45° 굽혀 절한다.
❺ 오른쪽 무릎을 먼저 세우고 일어선다.
❻ 반절을 한다.

09 작심삼일(作心三日)

작심삼일

　새해에 나는 세 가지 계획을 세웠다. 나의 계획은 아침 6시에 일어나고 외국어 공부를 하루에 5시간 이상 하고 담배를 끊는 것이었다.

　새해 첫날 아침에는 마음먹은 대로 일찍 일어나서 운동을 했다. 평소와 달리 일찍 일어난 나를 보고 부모님이 놀라셨다. 나는 내 방에서 하루 종일 공부를 했다.

　둘째 날에도 일찍 일어나서 열심히 공부했다. 그런데 저녁에 친구들이 찾아와서 영화를 보러 가자고 했다. 열심히 공부했으니까 쉬는 것도 좋을 것 같았다. 친구들과 같이 시내에 가서 영화도 보고 술도 마시며 재미있게 놀다가 새벽 4시에 집에 돌아왔다.

　다음날, 어머니가 깨워서 일어났다. 그때가 벌써 오후 1시였다. 밤늦게까지 술을 마시고 논 일이 후회되었다. 그래도 열심히 공부하려고 도서관에 갔는데 가는 날이 장날이라고 정기 휴일이었다. 아침에 일찍 일어나지도 못하고, 공부까지 못하게 되어서 나 자신한테 화가 났다. 그래서 나도 모르게 담배를 피웠다.

　나의 새해 계획은 이렇게 **작심삼일**로 끝나 버렸다.

▶ **작심삼일(作心三日)**: 계획이 사흘을 가지 못함.
 - 술을 끊기로 마음먹었지만 **작심삼일**이었다.
 - 이번 계획도 **작심삼일**로 끝날 것 같아서 걱정이다.
 - 나는 매년 새해 계획을 세우지만 항상 **작심삼일**로 끝난다.

연습해요

1 글의 내용과 맞으면 O, 틀리면 X 하십시오.

1) 새해 첫날은 계획대로 했다. ( )
2) 둘째 날, 놀고 싶어서 친구들에게 전화했다. ( )
3) 셋째 날, 도서관에서 열심히 공부했다. ( )
4) 새해 계획이 작심삼일로 끝나서 화가 났다. ( )

2 글의 순서에 맞게 쓰십시오.

( ) → ( ) → ( ) → ( )

가. 화가 나서 담배를 피웠다.
나. 세 가지 새해 계획을 세웠다.
다. 밤늦게까지 놀았다.
라. 도서관은 정기 휴일이었다.

3 '나'의 새해 계획 세 가지는 무엇입니까?

1)

2)

3)

4 '나'의 새해 계획은 왜 작심삼일로 끝나 버렸습니까?

5 계획을 세우지만 항상 작심삼일로 끝날 때가 많습니다. 계획을 잘 지킬 수 있는 좋은 방법이 있습니까?

함께해요

나의 생활 계획표를 만들어 친구들에게 소개해 봅시다.

보기

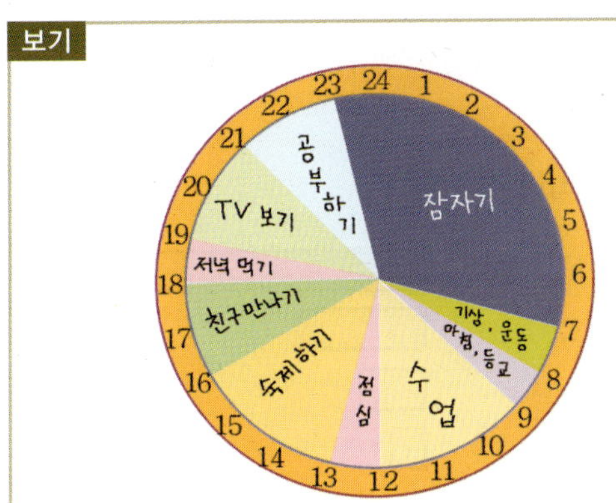

7~8시 일어나서 씻고 운동하기

8~9시 아침 먹고 학교 가기

9~12시 수업

12~1시 점심 먹기

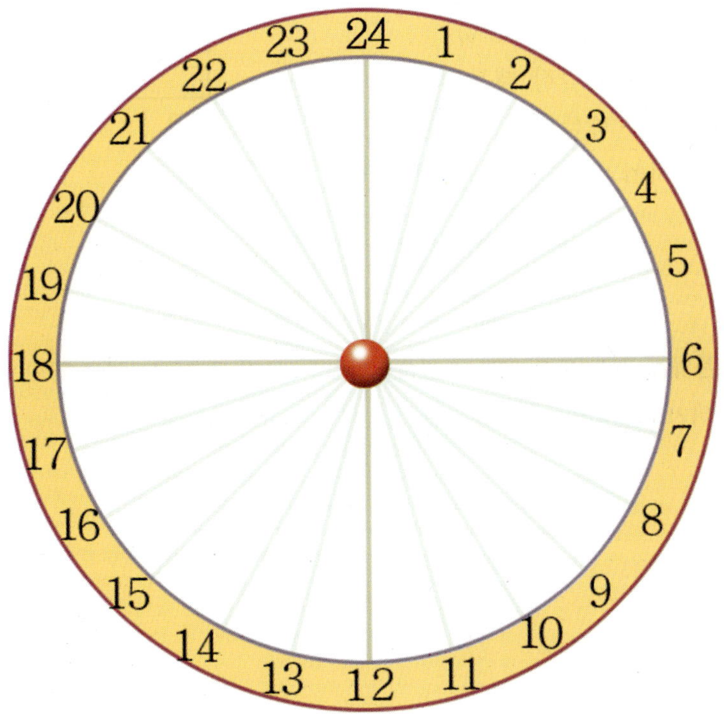

쉬어가요

 새해 계획을 잘 지키고 있습니까?

한국의 네티즌들에게 물어봤습니다.

1 가장 많이 세우는 새해 계획은 무엇입니까?

❶ 다이어트 하기와 운동 하기(41.3%)
❷ 남자 친구, 여자 친구 사귀기(20.3%)
❸ 담배 끊기(12.5%)
❹ 외국어 공부하기(7.9%)

2 새해 계획이 작심삼일이 되는 이유는 무엇입니까?

❶ 자신 때문에(55%)
❷ 담배와 늦잠 때문에(20.4%)
❸ 친구 때문에(9.9%)
❹ 지키기 어려운 계획이라서(8.7%)

 여러분은 새해 계획을 잘 지키고 있습니까? 작심삼일로 끝났다면 이유가 무엇입니까? 친구들과 이야기해 봅시다.

10 선입견(先入見)

선입견

　새 학기가 되어서 신입생들이 들어왔다. 그 중에 첫인상이 아주 좋은 여자 후배가 한 명 있다. 나는 잘 웃고 성격도 좋은 그녀가 무엇을 해도 항상 예쁘게 보였다.

　내 친구 동수는 그녀의 웃는 모습이 다른 사람을 비웃는 것처럼 보인다고 했다. 그녀에 대한 좋지 않은 이야기를 들은 후부터 그녀가 무엇을 해도 나쁘게 보인다고 했다. 그녀는 친절하지도 않고 자기만 생각한다는 것이었다.

　어느 날, 우리는 그녀가 친구를 무시하고 선배에게 예의가 없다는 소문을 들었다. 나는 소문을 믿지 않았지만 동수는 그럴 줄 알았다면서 그녀에 대해 나쁘게 말했다.

　나는 그녀의 첫인상만으로 그녀가 좋은 사람일 거라고 생각했고 동수는 그녀에 대한 나쁜 이야기만 듣고 그녀가 정말 나쁜 사람일 거라고 믿었다. 그녀와 이야기도 해 본 적이 없는 우리의 이런 생각이 **선입견**은 아닐까?

활용예문

▶ **선입견(先入見):** 어떤 일에 대하여 미리 가지고 있는 생각.

　– 키가 작다고 농구를 못할 거라는 **선입견**은 버려야 해요.

　– 그 사람이 나쁜 사람이라는 **선입견**을 버리고 한번 만나 보세요.

　– 한국 사람이 모두 김치를 좋아할 거라고 생각하는 것은 **선입견**이다.

연습해요

1 글의 내용과 맞는 것은 무엇입니까?

① 나와 동수는 성격이 활발한 신입생이다.
② 동수는 나에 대해 좋지 않은 얘기를 했다.
③ 신입생들은 무엇을 해도 항상 예쁘게 보인다.
④ 우리는 여자 후배에 대한 나쁜 소문을 들었다.

2 동수는 여자 후배에 대해 어떤 선입견을 가지고 있습니까?

3 다음 단어를 사용하여 문장을 완성해 보십시오.

보기		
소문	성격	예의

1) 가: 은정 씨는 어떤 __________ 사람이 좋아요?
   나: 사교적이고 적극적인 사람이 좋아요.

2) 가: 피터가 결혼한다는 __________ 들었어요?
   나: 네, 가을에 한대요.

3) 가: 지영 씨는 성민 씨가 왜 싫어요?
   나: 자기만 생각하고 __________ 없어서 싫어요.

4 다음 중 '선입견'의 예가 <u>아닌</u> 것은 무엇입니까?

① 우리 선생님은 모르는 게 없을 거예요.
② 날씬한 사람은 밥을 조금만 먹을 거예요.
③ 집에 아무도 없어서 전화를 안 받을 거예요.
④ 잘생기고 친절한 사람은 여자 친구가 있을 거예요.

함께해요

1 여러분은 어떤 선입견을 가지고 있습니까?

　1) 키가 크면 농구를 잘할 거예요.

　2) ____________________________ .

　3) ____________________________ .

2 선입견 때문에 어떤 일이나 사람에 대해 잘못 생각한 적이 있습니까?

3 다음 그림을 보고 여러분은 어떤 선입견을 가지게 됩니까?

쉬어가요

다음 그림들은 무엇처럼 보입니까?

1915년 시사만화가 힐(W. E. Hill)이 그린 그림입니다. 여러분은 이 그림이 젊은 여자로 보입니까? 할머니로 보입니까?

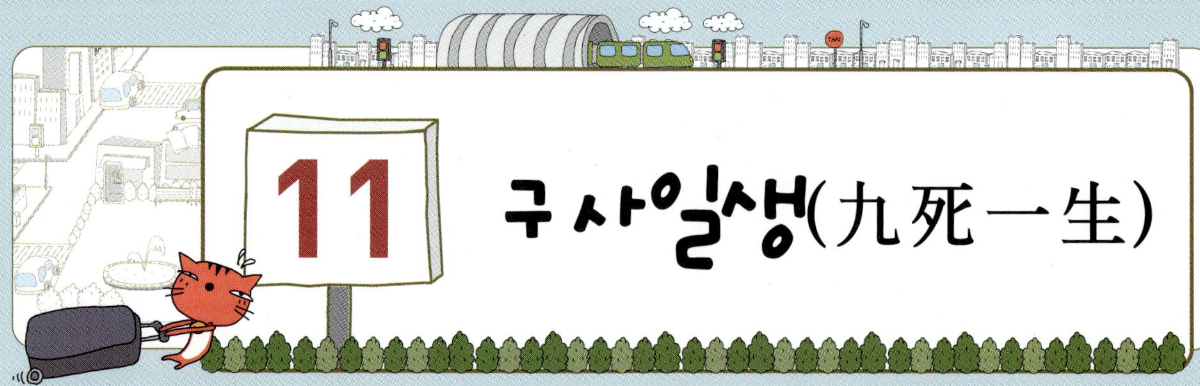

11 구사일생(九死一生)

구 사 일 생

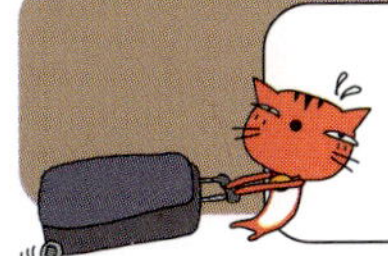

옛날 작은 마을에 욕심 많은 부자가 살고 있었다. 부자는 재산이 아주 많았지만 이웃에 사는 가난한 사람들을 위해서는 돈을 쓰지 않았다.

추운 겨울날, 마을 사람들은 먹을 것이 없어서 부자에게 찾아가 도와달라고 했다. 욕심이 많은 부자는 마을 사람들을 도와주기 싫어서 돈을 숨기려고 산으로 갔다.

큰 나무 아래에 돈을 묻고 돌아오던 부자는 호랑이를 만났다. 배고픈 호랑이는 부자를 잡아먹으려고 했다. 놀란 부자는 앞만 보고 달렸다. 밤이 되어 주위가 어두워졌고 부자는 길을 잃었다. 춥고 다리도 아팠지만 산 속에는 부자를 도와줄 사람이 없었다.

이틀이 지나도 부자가 돌아오지 않자 마을 사람들은 부자를 찾으러 산으로 갔다. 길을 잃고 헤매던 부자는 마을 사람들 덕분에 **구사일생**으로 살았다.

집으로 돌아온 부자는 자신의 잘못을 반성하고 마을 사람들을 돕기 시작했다. 마을 사람들과 부자는 오랫동안 행복하게 잘 살았다.

활용예문

▶ **구사일생(九死一生):** 위험한 상황에서 죽을 뻔하다가 살아남.
 – 형은 전쟁터에 나갔지만 **구사일생**으로 살았어요.
 – 비행기 사고가 났지만 그 사람은 **구사일생**으로 살았다.
 – 큰 불이 났지만 이웃 사람이 도와주어서 **구사일생**으로 살았어요.

연습해요

1 글의 내용과 <u>다른</u> 것은 무엇입니까?

① 부자는 돈을 산에 묻었습니다.
② 부자는 마을 사람들과 행복하게 살았습니다.
③ 부자는 항상 마을 사람들을 도와주었습니다.
④ 마을 사람들은 부자를 찾으러 산으로 갔습니다.

2 구사일생으로 살아난 부자는 어떻게 되었습니까?

① 욕심이 더 많아졌습니다.
② 가난한 사람이 되었습니다.
③ 혼자 행복하게 잘 살았습니다.
④ 마을 사람들을 도와주었습니다.

3 부자는 왜 길을 잃었습니까?

4 글의 순서에 맞게 쓰십시오.

(   ) → (   ) → (   ) → (   )

> 가. 마을 사람들이 산으로 갔다.
> 나. 부자는 산에 가서 돈을 묻었다.
> 다. 산에서 배고픈 호랑이를 만났다.
> 라. 마을 사람들이 부자를 찾아와서 도와달라고 했다.

함께해요

그림을 보고 '구사일생'을 사용해서 문장을 만들어 보십시오.

쉬어가요

한자어 공부

1 생(生) – 삶

- **생일(生日)** 태어난 날
  - -생일 축하합니다.
  - -한국에서는 생일에 미역국을 먹습니다.

- **생활(生活)** 활동하며 살아감
  - -유학 생활이 힘들다.
  - -우리 가족은 도시에서 생활한다.

2 사(死) – 죽음

- **생사(生死)** 사는 것과 죽는 것
  - -생사를 같이 한 친구이다.
  - -가족의 생사를 알고 싶어요.

- **사망(死亡)** 사람이 죽음
  - - 교통사고로 많은 사람이 사망했다.
  - - 런던에 큰 불이 나서 13 명이 사망했다.

한국 영화 '봄 여름 가을 겨울 그리고 봄'은 인간의 생로병사에 관한 이야기입니다.

※ 생로병사(生老病死): 사람이 태어나고 늙고 아프고 죽는 일

12 만장일치(滿場一致)

만장일치

중간시험이 끝나서 친구들과 함께 여행을 가려고 한다. 이번 주말에 가고 싶지만 동수가 아직 시험이 끝나지 않아서 다음 주말에 가기로 했다.

동수는 설악산에 가고 싶다고 했다. 가을이라서 단풍도 예쁘고 등산하기 좋을 거라고 했다. 나도 설악산에 가 본 적이 없어서 한번 가 보고 싶었다. 얼마 전에 텔레비전에서 봤는데 설악산 단풍이 정말 예뻤다. 하지만 유키코는 설악산이 너무 멀어서 싫다고 하면서 가까운 곳으로 가자고 했다. 민지는 산보다 바다가 좋다고 했다. 모두의 생각이 달라서 장소를 결정하기 어려웠다.

나는 얼마 전에 텔레비전에서 본 설악산 단풍 이야기를 하면서 민지를 설득했다. 그러자 민지는 다음번에 바다에 가자면서 이번에는 설악산에 가도 좋다고 했다. 유키코만 빼고 모두 설악산에 가는 것에 찬성했다. 우리가 유키코에게 설악산에 가기 싫은 이유를 물었더니 멀미를 하기 때문에 먼 곳에 갈 수 없다고 했다.

"내가 멀미약을 사 줄게. 걱정하지 마."

동수의 말에 유키코도 설악산에 가겠다고 했다. 민지와 유키코가 양보를 해서 우리는 **만장일치**로 설악산으로 가기로 했다.

활용예문

▶ **만장일치(滿場一致)**: 모든 사람의 의견이 같음.
- 우리는 모임의 회장을 **만장일치**로 뽑았다.
- 모든 일을 **만장일치**로 결정하는 것은 어려운 일이다.
- 우리는 **만장일치**로 이번 휴가를 제주도에서 보내기로 했다.

연습해요

1 마지막에 찬성한 사람은 누구입니까?

① 유키코　　　② 동수　　　③ 나　　　④ 민지

2 글의 내용과 <u>다른</u> 것은 무엇입니까?

① 유키코는 바다에 가고 싶어 했다.
② 동수는 아직 시험이 끝나지 않았다.
③ 가을이라서 설악산의 단풍이 예쁠 것이다.
④ 설악산에 가고 싶어 하는 사람은 나와 동수이다.

3 유키코는 왜 설악산에 가기 싫어했습니까?

4 다음 단어를 사용하여 문장을 완성해 보십시오.

보기
설득하다　　　양보하다　　　결정하다　　　찬성하다

1) 두 사람은 내년 봄에 결혼하기로 ________.

2) 내 생각에 ________ 사람은 아무도 없었다.

3) 병원에 안 가겠다는 아이를 ________ 데리고 갔다.

4) 나는 욕심이 많은 동생에게 항상 모든 것을 ________.

5 다음 중 '만장일치'의 예가 <u>아닌</u> 것은 무엇입니까?

① 모든 학생이 민지를 반장으로 뽑았다.
② 우리 반 학생들은 모두 비빔밥을 먹기로 했다.
③ 선생님은 학생 모두에게 숙제를 해 오라고 했다.
④ 피터 가족은 모두 한국에서 휴가를 보내기로 했다.

함께해요

 **1** 친구들과 여행계획을 세워 봅시다. 만장일치로 결정해야 합니다.

	만장일치로 결정합시다
1) 어디에 갈까요?	
2) 언제 갈까요?	
3) 몇 시에 출발할까요?	
4) 무엇을 타고 갈까요?	

2 큰 배로 여행을 하는데, 바다 한가운데에서 배가 고장이 났습니다. 작은 배를 타고 가까운 섬으로 가야 합니다. 그런데 그 섬에는 사람이 살지 않습니다. 배가 작기 때문에 5가지만 가지고 갈 수 있습니다. 다음 중 무엇을 가지고 가겠습니까? 그 이유는 무엇입니까? 친구들과 함께 만장일치로 가져갈 물건을 결정합시다.

쉬어가요

아름다운 한국

13
천고마비(天高馬肥)

천고마비

가을에는 무엇을 하면 좋을까? 어떤 친구는 가을이 '독서의 계절'이라고 말하면서 날씨가 시원해서 책 읽기에 좋다고 했다. 또 어떤 친구는 가을이 되면 맛있는 음식이 많이 먹고 싶어진다고 했다. 나는 가을이 여행하기에 좋은 계절이라고 생각한다. 덥지도 않고 춥지도 않아서 여행을 하면 정말 좋다.

이번 가을에는 제주도에 갔다 왔다. 얼마 전 텔레비전 드라마에서 경치가 아주 좋은 곳을 보고 한국 친구에게 그 곳이 어디냐고 물었더니 제주도라고 했다. 제주도는 한 번 가 본 적이 있지만 텔레비전에서 본 섭지코지에는 가 보지 못했다. 그래서 친구와 같이 섭지코지로 여행을 갔다.

섭지코지는 옛날에 선녀들이 목욕하던 곳이라고 한다. 이곳은 몇 년 전까지 관광객이 많지 않았는데 드라마에 나온 후로 관광객이 많아졌다고 한다. 말을 타고 섭지코지를 달리니까 내가 드라마의 여자 주인공이 된 것 같았다.

한국에서는 가을을 **천고마비**의 계절이라고 한다. 하늘이 높고 말이 살찐다는 뜻이다. 말이 정말 살찌는지는 모르겠지만 하늘이 높은 것은 사실인 것 같다. 섭지코지에서 본 하늘은 정말 맑고 높았다.

활용예문

▶ **천고마비(天高馬肥)**: 하늘이 높고 말이 살찐다는 뜻으로 날씨가 좋은 가을을 말함.
  - **천고마비**의 계절에는 여행하기가 좋다.
  - 가을은 책 읽기 좋은 **천고마비**의 계절이다.
  - 더운 여름이 가고 시원한 **천고마비**의 계절이 왔다.

연습해요

1 글의 내용과 <u>다른</u> 것은 무엇입니까?

❶ 제주도의 하늘은 맑고 높았다.
❷ 나는 제주도 여행이 처음이다.
❸ 나는 가을에 여행하는 것을 좋아한다.
❹ 나는 친구와 같이 제주도로 여행을 갔다.

2 단어와 뜻을 맞게 연결하십시오.

1) 드라마 •　　　　　　• 가. 책을 읽음

2) 관광객 •　　　　　　• 나. 관광하러 다니는 사람

3) 주인공 •　　　　　　• 다. 텔레비전에서 방송되는 극

4) 독서 •　　　　　　• 라. 연극, 영화, 소설 등에서 중심이 되는 사람

3 '나'는 왜 섭지코지로 여행을 갔습니까?

4 친구는 왜 가을이 '독서의 계절'이라고 했습니까?

5 제주도 여행에 대한 '나'의 생각을 글에서 찾아 쓰십시오.

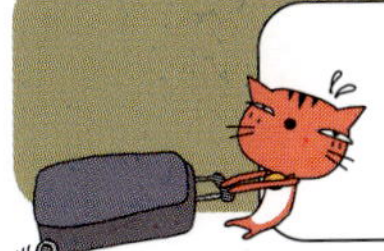

함께해요

1 계절을 나타내는 말을 만들어 봅시다.

> 가을 – 독서의 계절

1) 봄   : ____.

2) 여름 : ____.

3) 가을 : ____.

4) 겨울 : ____.

2 여러분은 어느 계절을 좋아합니까? 그 계절에 무엇을 하고 싶습니까?

3 여러분은 '봄'이라는 말을 들으면 어떤 단어가 생각납니까? 생각나는 단어를 써 보십시오.

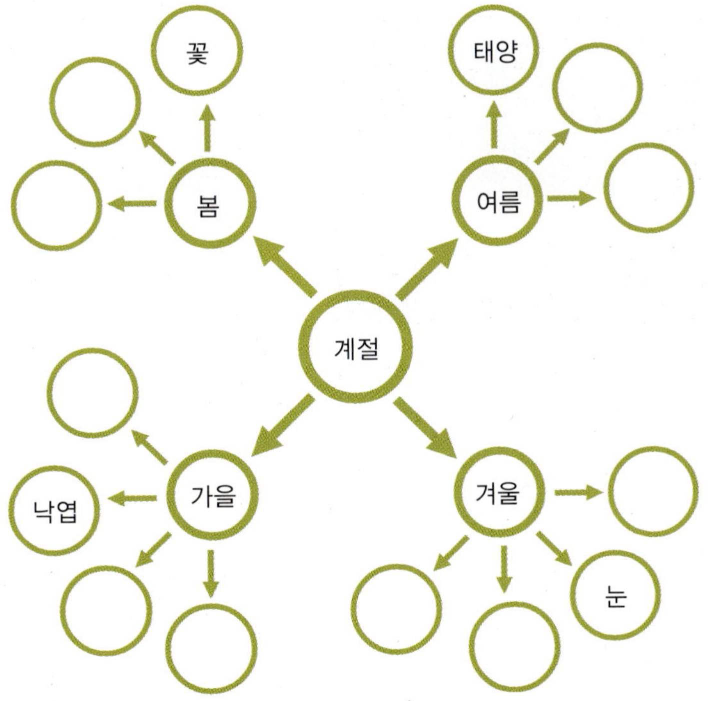

한국의 계절 축제

봄 – 진해 군항제

경상남도 진해시에서 해마다 4월에 열리는 벚꽃 축제이다.

여름 – 보령 머드 축제

충청남도 보령시의 명물인 머드(진흙)를 이용하여 여러 가지 놀이를 즐기는 축제이다. 7월에 대천해수욕장에서 열린다.

가을 – 화왕산 갈대제

경상남도 창녕군에 있는 화왕산에서 10월에 하는 갈대축제이다.

겨울 – 설악산 눈꽃축제

강원도에 있는 설악산에서 해마다 1월에 열리는 눈축제이다.

14 권선징악(勸善懲惡)

권선징악

옛날에 흥부와 놀부가 살았다. 형 놀부는 욕심이 많았지만 동생 흥부는 착했다. 아버지가 돌아가신 후에 놀부는 모든 재산을 혼자 가지려고 흥부 가족을 쫓아냈다. 여러 명의 아이가 있었던 흥부는 먹을 것이 없었다. 그래서 쌀을 얻기 위해 형의 집에 갔지만 뺨만 맞고 돌아왔다.

흥부의 집에 제비가 살고 있었는데 어느 날 뱀이 제비를 잡아먹으려고 했다. 흥부는 제비를 구해 주고 제비의 다친 다리를 치료해 주었다. 제비는 고마워서 흥부에게 박씨를 선물로 주었다. 박은 보름달처럼 커졌고, 그 박에서 쌀과 돈과 많은 보물이 나왔다.

이 이야기를 들은 놀부는 제비의 다리를 일부러 부러뜨린 후에 치료해 주었다. 제비는 놀부에게도 박씨를 주었는데, 그 박 속에서는 도깨비가 나와서 놀부를 망하게 하였다.

놀부는 잘못을 반성하고 흥부와 함께 행복하게 잘 살았다.

이것은 '흥부와 놀부'라는 한국의 옛날이야기이다. 한국에는 착한 사람은 복을 받고 나쁜 사람은 벌을 받는 **권선징악**의 이야기가 많다. '흥부와 놀부'는 대표적인 권선징악의 이야기이다.

활용예문

▶ **권선징악(勸善懲惡)**: 착한 일을 칭찬하고 나쁜 일을 벌함.
 – '신데렐라'는 **권선징악**의 이야기입니다.
 – **권선징악**의 이야기는 모든 나라에 있습니다.
 – **권선징악**의 이야기를 들으면 착한 사람이 되어야겠다는 생각이 들어요.

연습해요

1 누가 제비를 도와주었습니까?

① 흥부
② 놀부
③ 도깨비
④ 흥부와 놀부 모두

2 글의 내용과 <u>다른</u> 것은 무엇입니까?

① 제비는 흥부에게 박씨를 주었습니다.
② 흥부는 쌀을 얻으러 갔지만 뺨만 맞았습니다.
③ 놀부는 뱀한테서 제비를 구해 주었습니다.
④ 아버지가 돌아가시자 놀부는 흥부를 쫓아냈습니다.

3 놀부는 왜 제비의 다리를 부러뜨렸습니까?

4 다음 단어를 사용하여 문장을 완성해 보십시오.

보기			
쫓아내다	치료하다	맞다	얻다

1) 야구 경기를 구경하다가 공에 ________.

2) 경찰이 와서 나쁜 사람을 마을에서 ________.

3) 형에게서 장난감을 ________ 동생은 무척 좋아했다.

4) 돈이 없어서 병원에 가지 못하는 사람을 ________ 주고 싶다.

함께해요

1 그림을 보고 순서에 맞게 번호를 쓰십시오. 그리고 이야기를 만들어 보십시오.

쉬어가요

'콩쥐 팥쥐' 이야기입니다. 이야기를 읽고 권선징악에 대해 이야기해 보십시오.

옛날에 콩쥐가 살고 있었다. 콩쥐 어머니는 콩쥐가 어렸을 때 돌아가셨다. 그 후에 아버지는 새어머니와 결혼했다. 새어머니는 팥쥐라는 딸을 데리고 왔다.

콩쥐는 착한데 팥쥐는 마음씨가 나빴다. 새어머니는 착한 콩쥐한테만 일을 시켰다. 콩쥐는 항상 일을 했지만 팥쥐는 놀기만 했다.

어느 날 옆 동네에서 잔치를 했다. 새어머니는 콩쥐한테 일을 시키고 팥쥐만 잔치에 데려갔다. 콩쥐도 잔치에 가고 싶었지만 집에서 혼자 일을 해야 했다. 콩쥐는 너무 슬퍼서 울었다.

그때 선녀가 나타났다. 선녀는 콩쥐를 도와주었다. 일을 다 끝내고 선녀는 콩쥐에게 예쁜 옷과 신발을 주었다. 콩쥐는 선녀가 준 옷을 입고 잔칫집으로 갔다. 그런데 다리를 건널 때 신발 한 짝이 물에 빠졌다. 콩쥐는 신발을 주울 수 없어서 그냥 잔칫집에 갔다.

조금 후에 원님이 그 다리를 지나갔다. 원님은 콩쥐가 잃어버린 신발을 봤다. 원님은 그 신발이 아름답고 특별해서 신발 주인을 만나고 싶었다. 그래서 그 신발 주인을 찾으러 동네 잔칫집에 갔다.

잔치에 온 여자들은 모두 그 신발을 신어 보았다. 팥쥐도 그 신발을 신어 봤지만 작았다. 마지막으로 콩쥐가 그 신발을 신었더니 콩쥐에게 맞았다.

원님은 그 신발의 주인을 찾아서 기뻤다. 그리고 동네 사람들한테서 콩쥐에 대한 이야기를 들었다. 그래서 원님은 착한 콩쥐와 결혼하고 행복하게 살았다.

조강지처

왕은 아름다운 누나가 한 명 있었다. 그 누나는 남편이 죽어서 혼자 살고 있었다. 왕은 누나가 혼자 사는 것이 슬퍼서 좋은 사람과 다시 결혼을 하면 좋겠다고 생각했다. 그래서 누나에게 어떤 사람을 좋아하느냐고 물었다. 누나는 잘생기고 성격이 좋은 송홍을 좋아한다고 말했다. 그러나 송홍은 결혼한 사람이었다.

어느 날 왕은 송홍의 마음을 알고 싶어서 그를 불렀다. 왕은 송홍에게 '유명한 사람이 되면 친구를 바꾸고, 부자가 되면 아내를 바꾼다'는 말이 있는데 어떻게 생각하느냐고 물었다.

송홍이 왕에게 대답했다.

"힘들 때 만난 친구를 잊지 말아야 하고, 가난할 때 서로 도운 아내를 잊지 말아야 합니다. 싸고 좋지 않은 음식을 먹으며 함께 고생한 **조강지처**와 헤어질 수 없습니다."

옆방에서 이야기를 듣고 있던 누나는 슬퍼서 눈물을 흘렸다. 송홍과 결혼하고 싶지만 그의 말이 맞기 때문에 아무 말도 할 수 없었다.

활용예문

▶ **조강지처(糟糠之妻):** 가난할 때 고생을 함께한 아내.
- 송홍은 죽을 때까지 **조강지처**와 행복하게 살았다.
- 부자가 된 그는 **조강지처**와 오랫동안 행복하게 잘 살았다.
- **조강지처**가 죽은 지 10년이 되었지만 재혼하지 않고 혼자 살았다.

연습해요

1 글의 내용과 맞으면 O, 틀리면 X 하십시오.

1) 왕의 누나는 결혼한 적이 없다. (   )

2) 송홍은 왕의 누나와 결혼할 것이다. (   )

3) 왕은 누나에 대한 송홍의 마음을 알고 싶어 했다. (   )

4) 송홍은 힘들 때 도와준 사람을 중요하게 생각한다. (   )

2 단어와 뜻을 맞게 연결하십시오.

1) 유명하다 •   • 가. 어렵고 힘든 생활을 함

2) 실망하다 •   • 나. 이름이 알려져서 많은 사람이 알고 있음

3) 고생하다 •   • 다. 좋아하던 사람들이 더 이상 만나지 않음

4) 헤어지다 •   • 라. 바라던 일이 뜻대로 되지 않아서 마음이
　　　　　　　　　　　 좋지 않음

3 '조강지처'의 뜻을 글에서 찾아 쓰십시오.

4 옆방에서 왕과 송홍의 이야기를 듣고 있던 누나는 왜 눈물을 흘렸겠습니까?

5 여러분이 송홍이라면 어떻게 하겠습니까?

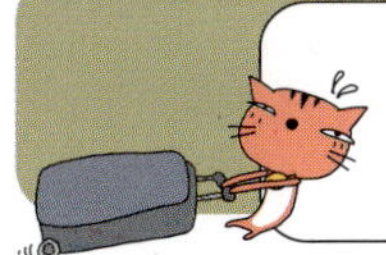

함께해요

1 '유명한 사람이 되면 친구를 바꾸고, 부자가 되면 아내를 바꾼다.'는 말을 어떻게 생각합니까?

2 우리 주변에는 조강지처와 오랫동안 행복하게 살고 있는 부부가 많습니다. 여러분이 알고 있는 이야기를 해 봅시다.

3 부부가 헤어지지 않고 오랫동안 행복하게 살기 위해서는 많은 노력을 해야 합니다. 어떤 노력이 필요하겠습니까?

4 미래의 나의 아내(남편)에게 편지를 써 봅시다.

사랑하는 __________ 에게

쉬어가요

여보 사랑해요

올 해 37세인 김 씨는 3년 전 갑자기 쓰러져서 병원에 갔다. 의사는 그녀가 알츠하이머병에 걸렸다고 했다. 한 남자의 아내로 두 딸의 엄마로 행복하게 살던 김 씨는 가족을 알아 보지 못하고 자신의 이름도 기억하지 못하게 되었다.

혼자서는 옷도 입을 수 없는 김 씨 때문에 힘들어하는 남편에게 친구들은 왜 헤어지지 않느냐고 물었다. 김 씨의 남편은 김 씨가 건강할 때나 아플 때나 사랑한다고 했다. 김 씨의 어머니도 두 사람이 헤어지기를 원했다. 하지만 남편은 가난했지만 행복한 시간을 함께 보낸 김 씨를 포기할 수 없다고 했다.

그는 김 씨가 모든 기억을 잃어도 자신이 김 씨를 사랑한다는 사실은 잊지 않기 바란다고 했다.

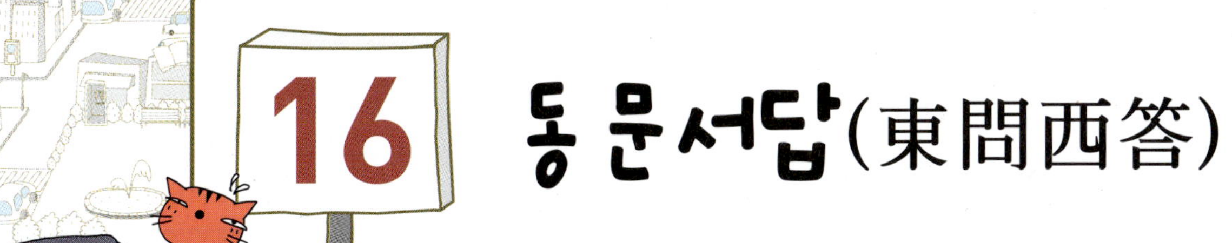

16
동문서답(東問西答)

동쪽이 어디예요?
서 — 동
이쪽이에요.

동문서답

오늘도 피터는 수업 시간에 졸았다. 옆에 앉은 내가 계속 깨워봤지만 소용없었다. 어젯밤에도 늦게까지 컴퓨터 게임을 한 것 같았다. 금방 점심을 먹은 데다가 날씨도 따뜻해서 나도 졸렸다.

선생님은 한국의 결혼식에 대해 이야기를 하셨다.

"한국에는 한복을 입고 하는 전통 결혼식이 있었지만, 요즘 많은 사람들은 예식장에서 웨딩드레스를 입고 결혼식을 합니다. 하지만 결혼식이 끝난 후에 신랑과 신부는 한복으로 갈아입고 부모님과 친척들에게 큰절을 합니다. 이것을 '폐백'이라고 합니다. 폐백을 할 때 부모님은 신랑과 신부에게 아기를 많이 낳으라는 뜻으로 밤과 대추를 줍니다."

그때 선생님이 졸고 있는 피터를 보셨다.

"피터, 폐백을 할 때 신랑과 신부에게 왜 밤과 대추를 준다고 했어요?"

졸던 피터는 놀라서 일어섰다.

"제가 안 먹었는데요."

피터가 **동문서답**을 해서 우리는 크게 웃었다.

▶ **동문서답(東問西答)**: 묻는 말에 엉뚱한 대답을 함.

- **동문서답**만 하지 말고 질문에 맞는 대답을 하세요.
- 선생님의 이야기를 잘 안 듣고 **동문서답**을 했어요.
- 어디 가느냐고 물었더니 일요일에 간다고 **동문서답**을 했어요.

연습해요

1 글의 내용과 맞는 것은 무엇입니까?

① 폐백을 한 후에 결혼식을 한다.
② 피터는 졸았기 때문에 동문서답을 했다.
③ 나는 어젯밤 늦게까지 컴퓨터 게임을 했다.
④ 친척들은 신랑과 신부에게 밤과 대추를 준다.

2 '폐백'의 뜻을 글에서 찾아 쓰십시오.

3 폐백을 할 때 신랑과 신부에게 왜 밤과 대추를 줍니까?

4 다음 단어를 사용하여 문장을 완성해 보십시오.

보기			
졸다	깨우다	소용없다	놀라다

1) 가: 유키코, 민지는 왜 안 왔어?
   나: 내가 1시간 동안 __________ 안 일어났어.

2) 도서관에서 공부를 하다가 휴대폰 소리 때문에 __________.

3) 다른 사람을 좋아해서 생기는 마음의 병을 '상사병'이라고 합니다. 이 병에 걸리면 약을 먹어도 __________.

4) 운전하면서 __________ 사고가 날 뻔했어요.

함께해요

1 여러분은 동문서답을 한 적이 있습니까?

2 여러분은 졸릴 때 어떻게 합니까? 이야기해 봅시다.

3 마음 읽기 게임

선생님은 첫 번째 학생에게 질문을 보여줍니다. 첫 번째 학생은 그 질문에 맞는 대답을 합니다. 다음 학생은 첫 번째 학생의 대답을 듣고 질문을 추측해서 대답을 합니다. 마지막 학생이 질문을 맞힙니다.

질문이 무엇이었을까요?

(질문) ________________________________?

쉬어가요

폐백

17 횡설수설(橫說竪說)

횡설수설

　한글날에 학교에서 한국어 말하기 대회가 있었다. 외국 학생들이 '한국 사람'과 '재미있는 한국 문화' 그리고 '한국에서의 유학 생활'에 대해 말하는 대회였다. 1등을 하면 제주도 여행 티켓을 준다고 해서 한 달 전부터 열심히 준비했다. 선생님과 한국 친구들이 많이 도와주었다.

　유키코가 먼저 발표를 하고 그 다음이 내 차례였다. 나는 한국의 높임말을 잘 몰라서 한 실수에 대해 이야기를 했다. 한국에 온 지 얼마 안 되었을 때 친구들에게 배운 반말을 선생님께 한 적이 있었다. 그때 선생님이 크게 웃으셨는데 높임말을 배운 후에 그 이유를 알게 되었다.

　나는 연습한 대로 이야기를 하다가 심사하는 선생님과 눈이 마주쳤다. 갑자기 땀이 나고 앞이 보이지 않았다. 준비했던 이야기가 기억나지 않아서 **횡설수설**했다. 내가 무슨 이야기를 하고 있는지도 알 수 없었다.

　이번 대회에서 유키코가 1등을 했다. 제주도 여행 티켓을 받고 싶어서 열심히 준비했는데 나는 4등밖에 못 했다. 그러나 문화상품권을 받아서 사고 싶었던 책을 샀다. 1등은 못했지만 기분은 아주 좋았다.

▶ **횡설수설(橫說竪說)**: 무슨 말을 하는지도 모르고 앞뒤가 맞지 않는 말을 함.

－ 그는 술에 취해서 **횡설수설**했다.

－ **횡설수설**하지 말고 조용히 하세요.

－ 발표할 때 **횡설수설**해서 무슨 말을 했는지 모르겠어요.

연습해요

1 '나'는 무엇에 대한 이야기를 했습니까?

① 한국 사람에 대한 이야기
② 한국 문화에 대한 이야기
③ 한국에서 실수했던 이야기
④ 한국에서의 유학 생활에 대한 이야기

2 한국어 말하기 대회에서 '나'는 무엇을 받았습니까?

① 문화상품권
② 사고 싶었던 책
③ 제주도 여행 티켓
④ 아무 것도 받지 못 했다.

3 글의 내용과 맞으면 O, 틀리면 X 하십시오.

1) 나는 제주도 여행 티켓을 받고 싶어서 대회에 나갔다. (   )

2) 유키코가 먼저 발표를 하고 그 다음에 내가 발표를 했다. (   )

3) 나는 한국에 온 지 얼마 안 되어서 말하기 대회에 나갔다. (   )

4) 말하기 대회 연습을 할 때 땀이 나고 앞이 보이지 않았다. (   )

4 '나'는 왜 횡설수설했습니까?

5 여러분은 횡설수설한 적이 있습니까? 이야기해 봅시다.

함께해요

 **가로세로 낱말 잇기**

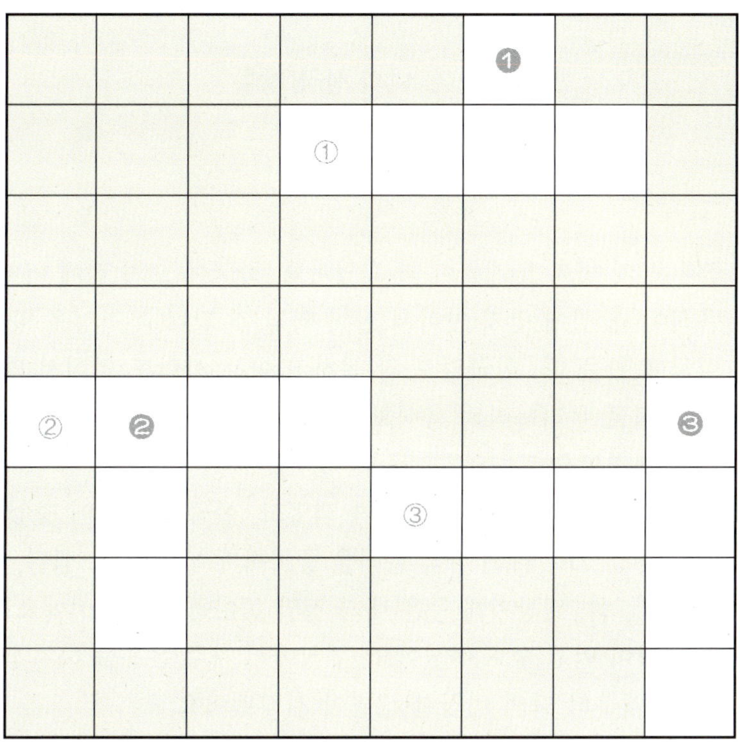

가로

① 무슨 말을 하는 지도 모르고 앞뒤가 맞지 않는 말을 함

② 더 잘하고 더 못하는 차이가 거의 없음

③ 나쁜 일 없이 건강하게 아주 오래 삶

세로

❶ 조심하지 않아서 잘못함

❷ 물건과 바꿀 수 있는 표

❸ 가난할 때 고생을 함께한 아내

쉬어가요

한국어 말하기 대회에서 한국에 유학 온 외국 학생이 한국 생활에 대해 이야기한 것입니다.

나의 한국 생활

료이여

한국에 온 지 벌써 10개월이 다 되었어요. 한국에 오기 전에 어머니께서는 한국의 음식이 내 입에 맞지 않아서 살이 빠질 것 같다고 걱정을 많이 하셨어요. 처음 한국에 왔을 때, 한국말도 잘 못하고 아는 사람도 없어서 많이 힘들었어요. 한국음식은 우리나라의 음식보다 맵고 짜요. 그래서 배탈도 많이 났어요. 살도 많이 빠졌어요.

그러나 한국 친구들을 많이 사귀게 되었고, 한국 친구들이 맛있는 음식을 많이 소개해 주었어요. 나는 한국 음식을 좋아하게 되었어요. 찜닭, 비빔국수, 떡볶이, 불고기, 회, 된장찌개 등은 내가 정말 좋아하는 음식이에요. 친구들과 맛있는 것도 많이 먹고 술도 마셨어요. 귀찮아서 자주 운동을 하지 않았더니 살이 쪘어요. 그 때부터 나의 비참한 생활이 시작됐어요.

지난 겨울 방학 때 고향에 갔다 왔어요. 고향 친구들이 나를 보고 살쪘다고 웃었어요. 부끄러워서 고향에서는 밥을 조금만 먹고 다이어트를 했어요.

그렇지만 다시 한국에 돌아와서 또 친구들과 맛있는 음식이랑 술을 먹으러 다녔어요. 거울을 볼 때마다 다이어트를 해야겠다고 생각해요. 살이 많이 쪄서 예쁜 옷도 못 입어요. 하지만 한국 친구들과 재미있게 지내고, 맛있는 한국 음식도 많이 먹어서 행복해요. 나는 한국이 정말 좋아요.

18 어부지리(漁父之利)

어부지리

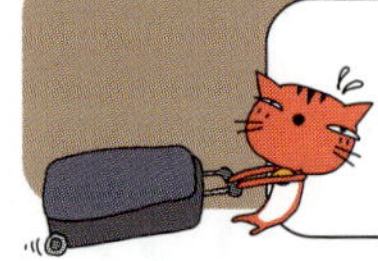

어느 날 조개가 강가에서 입을 벌리고 있었다. 그때 도요새 한 마리가 날아왔다. 배가 고팠던 도요새는 맛있는 조개를 보자 부리로 조갯살을 쪼았다. 깜짝 놀란 조개는 도요새의 부리를 물어 버렸다.

조개가 부리를 놓아주지 않아서 도요새는 조개를 먹을 수도 없었고 하늘로 날아갈 수도 없었다. 화가 난 도요새가 말했다.

"내 부리를 놓아 주지 않으면 너는 강으로 돌아갈 수 없어. 오늘도 비가 오지 않고 내일도 비가 오지 않는다면 너는 말라 죽을 거야."

조개도 지지 않고 입을 더 꽉 다물며 말했다.

"좋아, 두고 보자. 내가 내일까지 이렇게 물고 있으면 너도 여기서 굶어 죽게 될 거야."

조개와 도요새는 둘 다 서로 양보하지 않고 계속 싸웠다.

바로 그때 강가를 지나가던 늙은 어부가 이 모습을 보고 달려왔다. 조개와 도요새는 늙은 어부를 보았지만 도망갈 수 없었다. 어부는 힘들이지 않고 조개와 도요새를 한꺼번에 잡을 수 있었다.

활용예문

▶ 어부지리(漁父之利): 두 사람이 서로 싸우는 사이에 엉뚱한 사람이 이익을 봄.
- 김 과장이 갑자기 이민을 가는 바람에 **어부지리**로 내가 과장이 되었다.
- 앞에서 달리던 두 선수가 반칙을 하는 바람에 **어부지리**로 내가 1등을 했다.
- 형과 누나가 싸우는 바람에 **어부지리**로 내가 아이스크림을 모두 먹을 수 있었다.

연습해요

1 글의 내용과 <u>다른</u> 것은 무엇입니까?

1 도요새는 배가 고파서 조개를 먹으려고 했다.
2 조개는 도요새 때문에 강으로 돌아갈 수 없었다.
3 늙은 어부 때문에 조개와 도요새는 살 수 있었다.
4 조개가 입을 벌리지 않으면 도요새는 죽고 말 것이다.

2 누가 어부지리로 이익을 보았습니까?

3 다음 단어를 사용하여 문장을 완성해 보십시오.

보기				
	쬐다	물다	마르다	양보하다

1) 옆집 개가 내 신발을 ＿＿＿＿＿＿도망갔다.

2) 바람이 불고 햇볕이 좋은 날에는 빨래가 잘 ＿＿＿＿＿＿.

3) 해변에서 햇볕을 ＿＿＿＿＿＿있었는데 갑자기 비가 왔다.

4) 안전한 운전을 하기 위해서는 서로 ＿＿＿＿＿＿것이 좋다.

4 어부가 나타나지 않았다면 조개와 도요새는 어떻게 되었겠습니까?

함께해요

1 조개와 도요새가 모두 살려면 어떻게 하는 것이 좋겠습니까?

2 조개와 도요새처럼 서로 양보하지 않고 싸우다가 손해를 본 적이 있습니까? 어부처럼 다른 사람이 싸우는 바람에 이익을 본 적이 있습니까?

3 그림을 보고 대화를 만들어 보십시오.

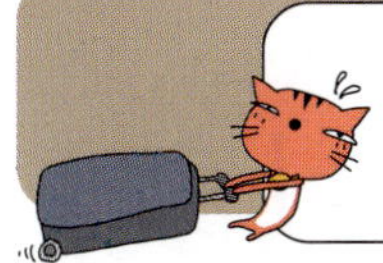

한자어 공부

1　모(母)-어머니

- **모녀(母女)**　어머니와 딸
  - –모녀가 자매 같군요!
  - –남자들은 여행을 가고 집에는 모녀만 있었다.

- **모유(母乳)**　어머니의 젖
  - –아기가 모유를 먹고 있어요.
  - –모유를 먹은 아기가 더 건강해요.

- **이모(姨母)**　어머니의 언니나 여동생
  - –이모는 엄마와 많이 닮았다.
  - –막내 이모는 서울에 살고 있어서 자주 만날 수가 없다.

2　부(父)-아버지

- **부모(父母)**　아버지와 어머니
  - –부모님 말씀을 잘 들어야 해요.
  - –여자 친구의 부모님을 만났어요.

- **부자(父子)**　아버지와 아들
  - –부자가 참 닮았군요!
  - –오늘도 옆집 부자는 등산을 갔어요.

- **신부(神父)**　가톨릭의 성직자
  - –신부님은 결혼을 할 수 없어요.
  - –오늘 성당에 가서 신부님을 만났어요.

19 비몽사몽(非夢似夢)

비몽사몽

나는 새벽 2시쯤에 자고 아침 8시에 일어나기 때문에 아침에는 항상 바쁘다. 그래서 부모님은 내가 밤에 일찍 자고 아침에 일찍 일어나기를 원하신다.

나와 반대로 내 친구 피터는 밤 10시에 자고 아침 5시에 일어난다. 일찍 자는 피터의 습관이 나쁘다고 할 수는 없지만 나는 가끔 피터 때문에 화가 난다. 친구들과 함께 발표 준비를 해야 할 때도 일찍 자는 피터 때문에 밤늦게까지 의논할 수가 없다.

오늘도 나는 피터 때문에 화가 났다. 지난주에 피터는 감기에 걸려서 학교에 오지 못했다. 그래서 나는 수업을 듣지 못한 피터에게 한국어 공책을 빌려 주었다. 그리고 어젯밤에 피터에게 전화해서 공책을 좀 돌려달라고 했다. 수요일에 시험이 있기 때문이다. 피터는 오늘 공책을 돌려주겠다고 약속했었다.

그런데 오늘 피터는 공책을 가져오지 않았고 나와 통화한 것도 기억하지 못했다. 내가 어젯밤의 일을 이야기하니까 피터는 자다가 전화를 받아서 **비몽사몽**이었다고 말했다. 피터는 약속을 지키지 못해서 미안하다고 했지만 나는 기분이 좋지 않았다.

활용예문

▶ **비몽사몽(非夢似夢)**: 꿈 같기도 하고 현실 같기도 한 상태.

- **비몽사몽** 중에 운전하면 아주 위험하다.
- **비몽사몽**일 때 들은 얘기는 잘 기억하지 못한다.
- 동수 씨, 잠이 덜 깼어요? 아직 **비몽사몽**이군요!

연습해요

1 글의 내용과 <u>다른</u> 것은 무엇입니까?

❶ 피터는 어젯밤에도 일찍 잤다.
❷ 피터와 나는 어젯밤에 통화를 했다.
❸ 나는 피터에게 한국어 공책을 빌렸다.
❹ 나는 시험 때문에 한국어 공책이 필요했다.

2 피터는 왜 공책을 안 가져 왔습니까?

❶ 일찍 잤기 때문에
❷ 공책을 잃어버려서
❸ 다음주에 시험이 있어서
❹ 통화한 것을 기억 못해서

3 다음 단어를 사용하여 문장을 완성해 보십시오.

보기		
돌려주다	기억하다	의논하다

1) 친구에게 빌린 CD를 ________________.

2) 나는 가끔 내 생일도 ________ 못한다.

3) 민지는 어려운 일이 생기면 선생님과 ________________.

4 다음 중 '비몽사몽'이 <u>잘못</u> 사용된 것은 무엇입니까?

❶ 어젯밤에 잠을 못 잤더니 비몽사몽이에요.
❷ 동생은 아직 잠이 덜 깨서 비몽사몽이에요.
❸ 비몽사몽 중에 시험을 봐서 시험을 잘 봤어요.
❹ 비몽사몽 중에 아침을 먹어서 뭘 먹었는지 모르겠어요.

1 비몽사몽 중에 실수한 적이 있습니까?

2 비몽사몽 중에 중요한 약속을 했습니다. 그런데 아침에 일어나 생각해보니 하기 어려운 일입니다. 여러분이라면 어떻게 하겠습니까?

3 그림을 보고 '비몽사몽'을 사용해서 대화를 만드십시오.

쉬어가요

 **재미있는 꿈 이야기**

보희의 꿈

신라에 보희와 문희라는 자매가 살았다. 어느 날 언니 보희가 꿈을 꾸었다. 보희는 높은 산에 올라가 소변을 보았는데 그 소변이 흘러내려서 신라의 수도인 경주를 덮었다. 놀라서 잠이 깬 보희는 동생에게 꿈 얘기를 했다. 이야기를 들은 동생은 꿈이 특별하다는 것을 알고 언니에게서 그 꿈을 샀다. 그 후 동생은 신라의 왕비가 되었다.

요셉의 꿈

어느 날 이집트의 왕이 꿈을 꾸었다. 살찐 암소 7마리가 강가에서 풀을 먹고 있었는데 마른 암소 7마리가 나타나서 살찐 암소 7마리를 잡아먹는 꿈이었다. 왕은 자기의 꿈이 무슨 뜻인지 궁금해서 여러 사람에게 물어보았지만 아무도 그 꿈을 해석하지 못했다. 그때 이스라엘 사람인 요셉이 왕의 꿈을 해석했다. "앞으로 7년 동안 큰 풍년이 들 것입니다. 그러나 그 후에 7년 동안은 흉년이 들 것입니다." 왕은 꿈을 잘 해석한 요셉을 총리로 삼았다.

왕건의 꿈

왕건은 어느 날 헛간에서 서까래 세 개를 가지고 나오는 꿈을 꾸었다. 꿈 이야기를 들은 스님은 그가 왕이 될 꿈이라고 했다. 왜냐하면 서까래 세 개는 왕(王)이라는 글자와 비슷하기 때문이다. 그 후 왕건은 '고려'라는 나라를 세워 왕이 되었다

20 부전자전(父傳子傳)

부전자전

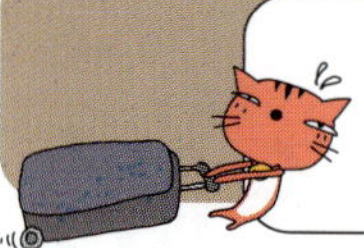

　　비행기가 도착하기를 기다리면서 나는 시계를 몇 번이나 보았다. 손에서 자꾸 땀이 났다. 아들을 알아볼 수 있을까? 아들이 내가 사 준 로봇을 갖고 아내와 함께 한국을 떠난 게 10년 전이다. 아내는 그 후로 아들 사진을 한 장도 보내 주지 않았다. 떠날 때 3살이었으니까 아들도 내 얼굴을 기억하지 못할 것이다.

　　비행기가 도착하고 사람들이 나오기 시작했다. 방학이라서 미국에서 오는 사람들이 많았다. 이렇게 많은 사람들 중에서 아들을 어떻게 찾을 수 있을까?

　　그때 한 아이가 보였다. 다른 사람들은 보이지 않고 그 아이만 보였다. 내 아들이다. 아들도 놀란 것 같았다. 나는 걸어가서 아들을 안았다. 내 눈과 내 코와 내 입을 닮은 내 아들이다. 10년 동안 다른 나라에서 다른 음식을 먹고 살았는데 내 눈, 코, 입을 닮은 아들이 너무 반가웠다.

　　"안녕하세요?"

　　"안녕. 나를 알아보겠니?"

　　"네. 엄마는 제가 아버지를 많이 닮았다고 했어요. 얼굴도, 목소리도, 성격도……. **부전자전**이라고 하셨어요. 그래서 아버지가 보고 싶을 때는 거울을 봤어요."

　　"그래?"

　　나는 다시 아들을 안았다. 나의 미안한 마음과 고마운 마음을 아들이 알까?

▶ 부전자전(父傳子傳): 자식이 부모를 닮음.

- 노래를 잘 부르는 것도 **부전자전**인가 봐요.
- **부전자전**이라고 아들이 아버지를 닮아 키가 크다.
- 아들이 남편을 닮은 것을 보니 **부전자전**이라는 말이 맞는 것 같다.

연습해요

1 '나'가 있는 곳은 어디입니까?

2 글의 내용과 맞는 것은 무엇입니까?

❶ 나는 아들을 알아보지 못했다.
❷ 나는 오늘 아들을 처음 만났다.
❸ 나는 아내와 헤어진 지 10년이 되었다.
❹ 아들은 사진을 봐서 내 얼굴을 알고 있었다.

3 '나'는 왜 아들이 나를 기억하지 못할 거라고 생각했습니까?

❶ 내 얼굴이 변해서
❷ 다른 나라에서 살았기 때문에
❸ 헤어질 때 아들이 너무 어려서
❹ 내가 사진을 한 장도 보내주지 않아서

4 아들은 아버지가 보고 싶을 때 왜 거울을 봤습니까?

5 글에서 '미안한 마음과 고마운 마음'은 무엇이겠습니까?

함께해요

1 여러분은 가족 중 누구와 닮았습니까? 무엇이 닮았습니까?

2 여러분의 아이가 여러분의 어떤 모습을 닮았으면 좋겠습니까? 어떤 모습을 안 닮았으면 좋겠습니까?

3 '피는 물보다 진하다'라는 말이 있습니다. 무슨 뜻이겠습니까?

4 이야기를 완성해 봅시다.

쉬어가요

우리는 부전자전

1 아버지 : 요한 슈트라우스 1세(John Strauss)
아　들 : 요한 슈트라우스 2세(John Strauss Jr.)

아버지 요한 슈트라우스 1세와 아들 요한 슈트라우스 2세는 모두 훌륭한 작곡가이다.

2 아버지 : 조지 하버트 부시(George Herbert Bush)
아　들 : 조지 워커 부시(George Walker Bush)

아버지 조지 허버트 부시는 미국 41대 대통령이고, 아들 조지 워커 부시는 미국 43대 대통령이다.

3 아버지 : 차범근
아　들 : 차두리

아버지 차범근과 아들 차두리는 모두 한국을 대표하는 유명한 축구선수이다.

21 우왕좌왕(右往左往)

우왕좌왕

　　나는 '부산 국제 영화제' 가 열린다는 이야기를 듣고 지난 주말에 유키코와 함께 부산에 갔다 왔다. 1996년에 시작되어 매년 10월에 열리는 '부산 국제 영화제' 는 한국뿐만 아니라 많은 나라의 사람들이 참여하는 영화 축제이다. 영화제는 해운대에서 열리는데 여러 나라의 영화를 볼 수 있고, 유명한 배우와 감독도 만날 수 있다.

　　나는 부산 여행이 처음이라서 걱정했지만 유키코가 부산에 가 본 적이 있다고 해서 안심했다. 그런데 부산은 너무 복잡해서 지하철역을 찾기가 어려웠다. 유키코를 따라갔지만 유키코도 지하철역을 찾지 못했다. 지난번에는 한국 친구와 왔기 때문에 쉽게 길을 찾았다고 했다. 그렇지만 이번에는 길을 잘 모르겠다며 **우왕좌왕**했다. 길을 못 찾아 헤매고 있는 우리를 지나가던 여학생이 도와주었다.

　　해운대에는 영화제를 보러 온 사람들이 많았다. 우리는 멋있는 옷을 입은 유명한 한국 배우도 볼 수 있었다. 또 세계적으로 유명한 감독도 만날 수 있었다. 한국에서는 보기 힘든 세계 여러 나라의 영화도 볼 수 있어 좋았다.

　　저녁에는 유키코가 보고 싶어 하던 영화를 봤다. 해운대 야외 영화관은 바다가 보이고 가을바람도 불어서 좋았다. 이리저리 다니느라 다리가 아팠지만 재미있고 즐거운 경험이었다.

▶ **우왕좌왕(右往左往):** 이리저리 왔다 갔다 하며 방향을 찾지 못함.

- 교통사고가 나서 사람들이 **우왕좌왕**했다.
- 어디로 가야할지 몰라 **우왕좌왕**하는 사람들이 많았다.
- 불이 나면 **우왕좌왕**하지 말고 빨리 밖으로 나가세요.

연습해요

1 글의 내용과 <u>다른</u> 것은 무엇입니까?

① 영화제는 해운대에서 열렸다.
② 유키코와 나는 부산 국제 영화제에 갔다.
③ 우리는 지하철역을 찾는 여학생을 도와주었다.
④ 부산 국제 영화제에 가서 유명한 배우를 만날 수 있었다.

2 유키코는 왜 우왕좌왕했습니까?

① 부산 여행이 처음이라서
② 쉽게 길을 찾을 수 없어서
③ 보고 싶었던 영화를 보려고
④ 유명한 배우와 감독을 만나려고

3 '내'가 부산에서 경험한 것을 모두 쓰십시오.

4 다음 단어를 사용하여 문장을 완성해 보십시오.

보기
헤매다　　신나다　　지나가다　　열리다

1) 자동차가 갑자기 __________ 놀랐어요.

2) 식당 찾기가 어려워서 두 시간이나 __________.

3) 친구들과 놀이공원에 가서 __________ 놀고 왔다.

4) 월드컵 축구 경기와 올림픽 경기는 4년마다 __________.

5 여러분은 우왕좌왕한 적이 있습니까? 언제, 무슨 일로 우왕좌왕했습니까?

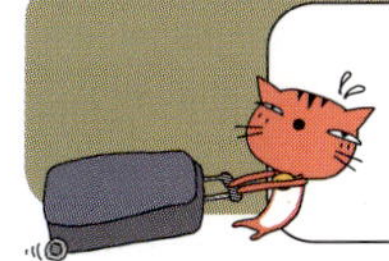

함께해요

우왕좌왕하면 길을 잃을지도 모릅니다. 서둘러 길을 찾아봅시다.

 한자어 공부

1 왕(往)-가다

- **왕복(往復)**　갔다가 돌아옴
  - 비행기 표는 왕복으로 사면 싸요.
  - 서울까지 왕복하는 데 8시간이 걸렸어요.

- **왕진(往診)**　의사가 환자가 있는 곳으로 찾아가서 진찰함
  - 이렇게 먼 곳까지 왕진을 와 주셔서 감사합니다.
  - 할머니가 편찮으셔서 의사 선생님이 왕진을 오셨어요.

- **왕래(往來)**　가고 옴
  - 지하철 역 앞에는 왕래하는 사람이 많습니다.
  - 이 집은 산 속에 있어서 왕래하는 사람이 없다.

2 래(來)-오다

- **내일(來日)**　오늘의 다음 날
  - 내일은 아버지 생신입니다.
  - 내일의 날씨를 말씀드리겠습니다.

- **내년(來年)**　올해의 다음 해
  - 형이 드디어 내년에 결혼을 해요.
  - 내년 3월이면 한국에 온 지 3년이 됩니다.

- **미래(未來)**　앞으로 올 때
  - 자신의 미래는 자신이 만드는 것입니다.
  - 미래에 일어날 일을 미리 알 수 없을까?

22 동고동락(同苦同樂)

동고동락

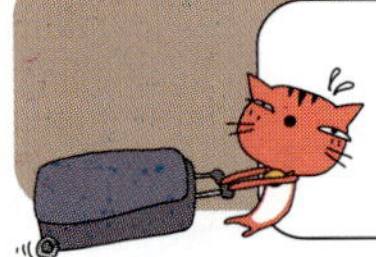

여보,

우리 예쁜 딸 은정이가 오늘 결혼을 했어요. 항상 어린아이 같았는데 결혼을 하다니 세월이 참 빨리 흐르는 것 같아요. 웨딩드레스를 입은 은정이를 보니 당신 생각이 났어요.

어린 나이에 결혼을 해서 음식도 할 줄 몰랐던 당신이 나를 위해 몇 시간 동안 준비했던 저녁은 세상에서 제일 맛있었어요. 당신을 닮은 은정이가 태어났을 때는 가장 행복한 순간이었어요. 언제나 좋은 일만 있을 것 같았어요.

그런데 은정이가 5살 되던 해, 내가 하던 일이 잘못되어서 우리가 살던 집에서 나와야 했을 때는 정말 당신에게 미안했어요. 하지만 당신은 나를 위로해 주고, 잘 될 거라고 말해 줬어요. 일을 하고 밤늦게 돌아오는 나를 기다려 주던 당신의 웃음은 나에게 용기를 주었어요. 당신이 있어서 나는 힘들지 않았어요.

은정이 부부에게 당신과 내가 **동고동락**한 이야기를 해 주었어요. 우리처럼 힘든 일과 즐거운 일을 함께 하는 부부가 되었으면 좋겠어요. 당신도 그렇게 생각하지요?

하늘나라에 있는 당신. 오늘 당신이 참 보고 싶어요.

사랑해요.

활용예문

▶ **동고동락**(同苦同樂): 힘든 일과 즐거운 일을 함께 함.
- 우리는 죽을 때까지 **동고동락**하기로 약속했다.
- 사십 년 동안 **동고동락**해 온 남편이 세상을 떠났다.
- 우리 회사와 함께 **동고동락**해 온 김 과장님이 오늘 퇴직했다.

연습해요

1 글의 내용과 맞는 것은 무엇입니까?

① 남편은 하늘나라에 있다.
② 아내가 남편에게 쓴 편지다.
③ 오늘은 딸 은정이의 결혼식이었다.
④ 남편이 하던 일이 어려워졌을 때, 아내는 집을 나왔다.

2 '나'는 왜 이 편지를 썼습니까?

3 '동고동락'의 뜻을 글에서 찾아 쓰십시오.

4 단어와 뜻을 맞게 연결하십시오.

1) 흐르다 •　　　　　　• 가. 직장에서 떠남

2) 퇴직하다 •　　　　　　• 나. 시간이나 세월이 지나감

3) 위로하다 •　　　　　　• 다. 어떤 일이 실패로 돌아감

4) 잘못되다 •　　　　　　• 라. 말이나 행동으로 슬픔을 달래줌

5 여러분과 함께 힘든 일과 즐거운 일을 한 사람은 누구입니까?

함께해요

1 다른 사람과 오랫동안 동고동락하는 것은 어려운 일입니다. 동고동락하기 위해서 서로 어떻게 해야 하겠습니까?

2 다른 사람과 함께 하고 있는 즐거운 일과 힘든 일은 무엇입니까?

	즐거운 일	힘든 일
가족		
친구나 동료		

3 한국에는 '기쁨은 나누면 두 배가 되고 슬픔은 나누면 반이 된다'는 말이 있습니다. 무슨 뜻이겠습니까?

4 여러분과 동고동락한 사람에게 편지를 써 봅시다.

쉬어가요

CEO와 운전기사

　회장과 40년을 넘게 동고동락해 온 운전기사가 회장과의 우정 이야기를 담은 자서전을 냈다. 주인공인 정 씨는 동갑내기 회장의 운전기사를 1967년부터 해 왔다.

　회장을 처음 만났을 때, 정 씨는 사장의 젊은 아들과 함께 일해야 하는 것이 불편해 걱정을 많이 했었다고 한다. 그러나 함께 출장을 다니면서 자신의 숙소까지 챙겨 주는 모습에 마음을 열게 되었다고 한다. 또 정 씨가 아파서 쉬고 있을 때 회장이 직접 병에 좋다는 약과 치료비를 가지고 정 씨 집에 찾아왔던 이야기도 했다.

　정 씨는 이런 회장과의 우정뿐만 아니라 회사에 대한 사랑도 가지고 있었다. 그래서 운전만 하지 않고 회사에서 만든 아파트, 보일러를 직접 팔아 회사 발전에 조금이라도 도움이 되고자 했다.

　이미 정 씨는 나이가 많아서 회사를 그만 두어야 했지만 조금 더 일해 달라는 회장의 부탁 때문에 아직도 운전기사로 일하고 있다.

　책에는 정 씨와 회장이 40년 동안 나눈 우정이 모두 담겨 있다. 정 씨는 다시 태어난다면 '기사' 와 '회장' 이 아닌 '친구' 로 만나고 싶다고 했다.

팔방미인(八方美人)

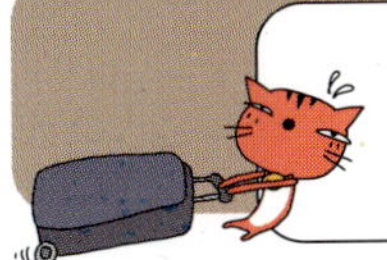

팔방미인

　내 친구 유키코는 한국에 온 지 6개월밖에 안 되었지만 다른 학생들보다 더 열심히 공부해서 한국말을 아주 잘 합니다. 한국 친구들과 여행도 가고 공부도 하면서 한국말을 많이 배웠습니다. 또 착하고 친절합니다. 게다가 얼굴도 예뻐서 모든 남학생들이 좋아합니다. 유키코의 취미는 노래 부르기입니다. 이번 여름에 있었던 학교 축제에서 한국 노래를 불러 1등을 했습니다.

　공부도 잘하고 성격도 좋고 얼굴도 예쁘고 노래도 잘 부르는 유키코의 별명은 '팔방미인' 입니다. 팔방미인은 여러 가지를 아주 잘하는 사람을 말합니다. 공부만 잘하거나 운동만 잘하는 것처럼 한 가지만 잘 한다면 팔방미인이 아닙니다.

　누구나 모든 것을 잘하는 팔방미인이 되고 싶어 하지만 그렇게 되는 것은 어렵습니다. 그래서 사람들은 유키코와 같은 사람을 부러워합니다. 그건 나도 마찬가지입니다.

　나는 유키코처럼 모든 것을 잘하지는 못합니다. 하지만 좋아하는 것은 있습니다. 제주도에서 태어난 나는 어릴 때부터 수영하는 것을 좋아했습니다. 바닷가에서 친구들과 물놀이를 하며 뛰어놀던 일이 지금도 기억납니다. 나는 지난 해 수영 대회에서 3등을 했습니다. 1등은 못 했지만 내가 좋아하는 수영을 할 때 가장 행복합니다.

활용예문

▶ 팔방미인(八方美人): 여러 가지를 아주 잘하는 사람.
- 팔방미인이 되기 위해서는 많은 노력을 해야 한다.
- 나도 언니처럼 못하는 게 없는 팔방미인이 되고 싶다.
- 연예인 중에는 노래도 잘 부르고 연기도 잘하고 운동도 잘하는 팔방미인이 많다.

연습해요

1 유키코가 '팔방미인'인 이유가 <u>아닌</u> 것은 무엇입니까?

  ❶ 성격이 좋다.
  ❷ 노래를 잘한다.
  ❸ 수영을 잘한다.
  ❹ 한국말을 잘한다.

2 글의 내용과 <u>다른</u> 것은 무엇입니까?

  ❶ 나는 팔방미인이 되고 싶다.
  ❷ 유키코는 친절하고 얼굴도 예쁘다.
  ❸ 팔방미인이 되려면 여러 가지를 잘해야 한다.
  ❹ 한 가지만 잘 하는 사람은 팔방미인이 아니다.

3 '팔방미인'의 뜻을 글에서 찾아 쓰십시오.

4 다음 단어를 사용해서 문장을 만들어 봅시다.

  1) 별명: _________________________.

  2) 성격: _________________________.

  3) 연기: _________________________.

  4) 취미: _________________________.

5 다음 중에서 '팔방미인'의 예를 고르십시오.

  ❶ 내 동생은 일찍 자고 일찍 일어난다.
  ❷ 언니는 요리도 잘하고 피아노도 잘 친다.
  ❸ 오빠는 술도 잘 마시고 담배도 많이 피운다.
  ❹ 나는 일요일에 텔레비전도 보고 책도 읽는다.

함께해요

1 여러분은 무엇을 잘 하는 팔방미인이 되고 싶습니까?

2 여러분이 알고 있는 '팔방미인'을 소개해 봅시다.

3 친구 중에서 팔방미인을 찾아봅시다.

무엇을 잘해요?		이름:	이름:	이름:
운동	스키			
	수영			
	( )			
외국어	한국어			
	영어			
	( )			
취미	노래			
	춤			
	( )			
성격/외모	똑똑하다			
	멋있다			
	( )			

 팔방미인 레오나르도 다빈치

레오나르도 다빈치(Leonardo Davinci)

레오나르도 다빈치는 1452년 이탈리아에서 태어났다. 그는 르네상스 시대의 대표적 화가로 '모나리자', '최후의 만찬', '동굴의 성모'와 같은 유명한 그림을 그렸다.

또 조각, 건축, 토목뿐 아니라, 수학, 음악, 물리, 천문, 동·식물, 지리, 해부학, 기계 등 많은 분야에서 뛰어난 재능을 보여 주었다. 해부학 분야에서는 여러 번 사람의 몸을 해부해 본 뒤 해부도를 그렸다. 기계 분야에서는 자전거, 자동차, 대포, 잠수복, 낙하산, 헬리콥터, 비행선과 같은 다양한 발명품을 그림으로 그렸다. 그가 그린 발명품은 오늘날 대부분 우리의 생활에서 사용되고 있다.

이처럼 여러 분야에서 뛰어난 능력을 가진 그는 르네상스 시대의 **팔방미인**이었다.

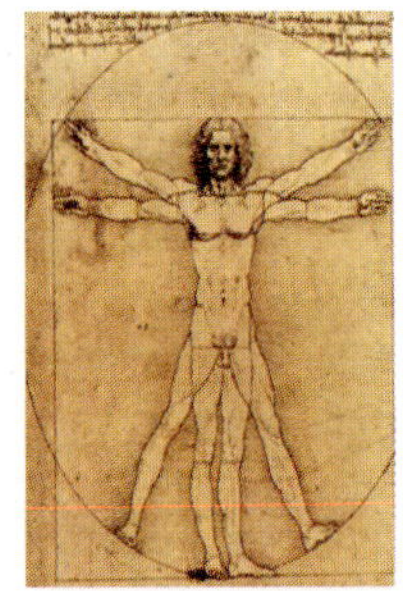

24 이열치열(以熱治熱)

이열치열

　　복날은 일 년 중 가장 더운 날로 초복, 중복, 말복이 있다. 한국 사람들은 복날에 삼계탕을 먹는다. 삼계탕은 닭 속에 인삼, 쌀, 대추, 밤 등을 넣고 끓여서 뜨겁게 먹는 음식이다. 한국 사람들은 더운 여름에 왜 뜨거운 삼계탕을 먹을까?

　　한의학에서는 날씨가 더우면 몸속이 차가워진다고 한다. 그런데 날씨가 덥다고 해서 차가운 음식을 많이 먹으면 몸속이 더 차가워져서 배탈이 난다. 그래서 여름에 삼계탕처럼 뜨거운 음식을 먹으면서 땀을 흘리고 몸을 따뜻하게 만든다. 몸속이 따뜻해지면 더위를 이길 수 있다고 생각하기 때문이다. 이렇게 뜨거운 음식으로 더위를 이기는 것을 **이열치열**이라고 한다.

　　반대로 겨울이 되면 날씨는 추워지지만 몸속은 뜨거워진다고 한다. 그래서 몸이 뜨거운 겨울에는 차가운 음식을 먹어야 한다. 차가운 음식을 먹어서 몸속을 차갑게 하면 건강에 좋다. 한국 사람들이 여름에 많이 먹는 냉면은 옛날에는 겨울 음식이었다. 냉면처럼 차가운 음식을 먹으면 뜨거운 몸이 시원해지고 추위를 이길 수 있다.

　　한국 사람들은 이렇게 계절에 맞는 특별한 음식을 먹고 건강을 지켜 왔다.

활용예문

▶ **이열치열(以熱治熱): 열은 열로써 다스림.**

- **이열치열**이라고 날씨도 더운데 우리 온천에나 갈까?
- 할아버지는 **이열치열**이라면서 여름에도 뜨거운 음식을 드세요.
- **이열치열**이라지만 더운 여름에 뜨거운 음식을 먹는 것은 힘들다.

연습해요

1 글의 내용과 <u>다른</u> 것은 무엇입니까?

❶ 옛날에는 겨울에 냉면을 먹었다.
❷ 한국 사람들은 계절에 맞는 음식을 먹는다.
❸ 여름에 뜨거운 음식을 먹으면 몸속이 시원해진다.
❹ 겨울에 차가운 음식을 먹으면 추위를 이길 수 있다.

2 글의 내용에 맞게 연결하십시오.

1) 여름 •　　　• 가. 몸속이 뜨겁다 •　　　• ㉠ 뜨거운 음식을 먹는다.

2) 겨울 •　　　• 나. 몸속이 차갑다 •　　　• ㉡ 차가운 음식을 먹는다.

3 한국 사람들은 왜 더운 여름에 뜨거운 삼계탕을 먹습니까?

4 '이열치열'의 뜻을 글에서 찾아 쓰십시오.

5 다음 단어를 사용하여 문장을 완성해 보십시오.

> **보기**
>
> 끓이다　　　지키다　　　흘리다

1) 라면을 먹으려고 물을 ________ 있어요.

2) 내 친구는 성격은 좋은데 약속을 잘 ________.

3) 그 영화를 보고 눈물을 ________ 않는 사람은 없을 거예요.

6 여러분 나라에도 더위나 추위를 이기기 위해 먹는 특별한 음식이 있습니까?

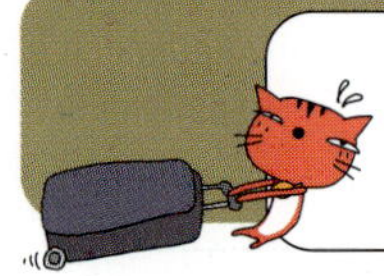

 가로세로 낱말 잇기

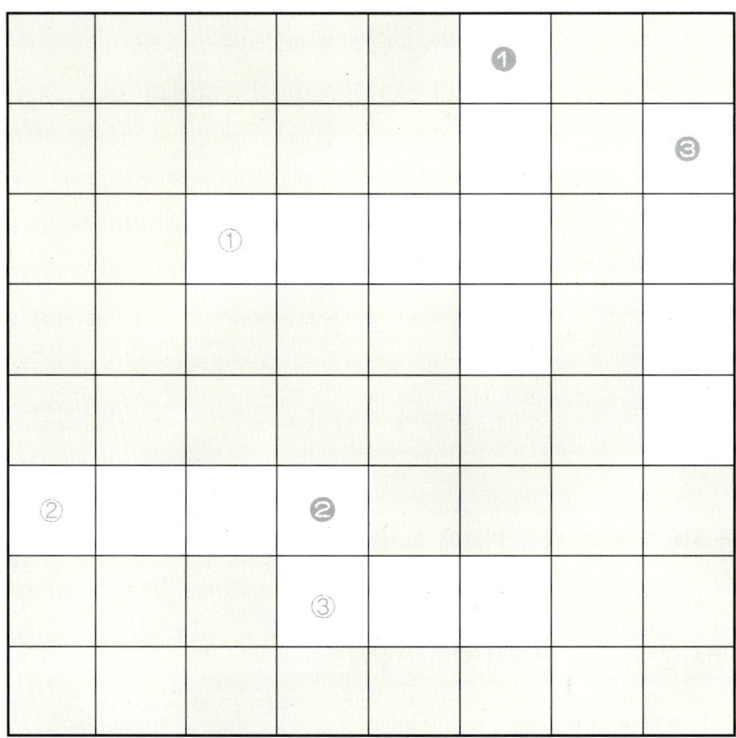

가로

① 모든 사람의 의견이 같음

② 여러 가지를 아주 잘 하는 사람

③ 닭고기를 끓여서 만든 것으로 여름에 많이 먹음

세로

❶ 열은 열로써 다스림

❷ 사람의 몸에 아주 좋은 약초. 고려○○이 유명함

❸ 자식이 부모를 닮음

쉬어가요

삼계탕을 만들어 봅시다.

닭을 이용한 요리는 땀을 많이 흘리고 쉽게 피곤함을 느끼는 사람에게 아주 좋다. 특히, 인삼과 함께 먹으면 이열치열로 몸속을 따뜻하게 만들어 여름을 이기는 데 효과적이다.

〈삼계탕 만들기〉

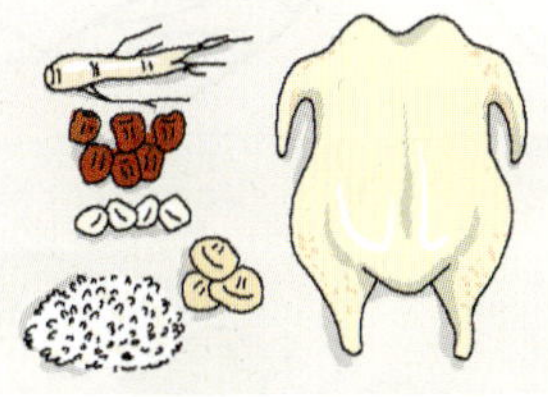

① 닭, 쌀, 인삼, 대추, 마늘, 밤을 준비한다.

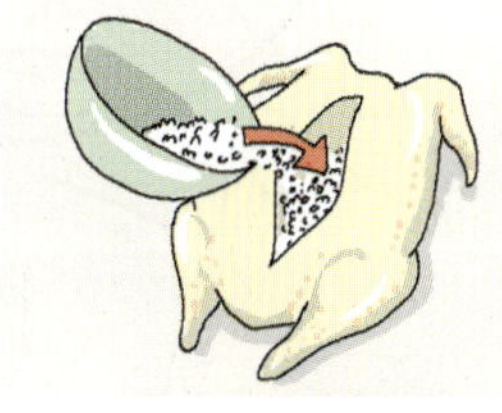

② 쌀을 3시간 이상 물에 불린 후 닭 속에 넣는다.

③ 큰 냄비에 닭과 인삼, 대추, 마늘, 밤을 넣고 물을 붓는다.

④ 30분~1시간 정도 끓인다.

⑤ 삼계탕에 소금을 약간 넣고 맛있게 먹는다.

25
동상이몽(同床異夢)

동상이몽

〈 그 남자 〉

내가 사랑하는 그녀, 오늘 그녀에게 프러포즈를 했습니다. 매일 밤 헤어지는 게 너무 싫다고, 항상 같이 있고 싶다고, 사랑한다고 말했습니다. 얼굴을 붉히는 그녀. 무척 사랑스럽습니다.

우리는 참 행복한 부부가 될 것입니다. 나는 매일 아침 그녀가 요리하는 소리에 잠을 깰 것입니다. 그녀가 만든 맛있는 아침을 먹고, 그녀가 골라 주는 옷을 입고, 그녀의 배웅을 받으며 나는 출근을 할 것입니다. 저녁이 되면 그녀는 찌개를 끓여 놓고 퇴근해서 돌아오는 나를 기다릴 것입니다.

생각만 해도 정말 행복합니다. 빨리 그녀와 결혼하고 싶습니다.

〈 그 여자 〉

내가 사랑하는 그, 오늘 그 사람에게 프러포즈를 받았습니다. 결혼, 생각만 해도 행복합니다.

우리는 참 행복한 부부가 될 것입니다. 나는 매일 아침 그의 사랑스러운 목소리에 잠이 깰 것입니다. 나는 그가 준비한 따뜻한 커피와 토스트를 먹고 그와 함께 출근을 할 것입니다. 내가 일이 많아서 늦게 퇴근을 하면 그는 맛있는 저녁을 만들어 놓고 나를 기다릴 것입니다. 가끔 멋진 선물을 준비해서 나를 놀라게 하겠죠?

우리는 정말 행복할 것입니다. 빨리 그와 결혼하고 싶습니다.

활용예문

▶ **동상이몽(同床異夢)**: 같은 자리에 자면서 다른 꿈을 꿈. 같이 행동하면서 서로 다른 생각을 하고 있음.
- 길에서 돈을 주운 동생과 나는 **동상이몽**을 했다.
- 두 사람이 함께 일을 하고 있지만 서로 **동상이몽**을 하고 있다.
- 우리가 서로 같은 생각을 하고 있는 줄 알았는데 **동상이몽**을 하고 있었다.

연습해요

1 여자가 생각하는 결혼생활이 <u>아닌</u> 것은 무엇입니까?

① 남편이 아침에 깨워 준다.
② 남편을 위해 가끔 멋진 선물을 준비한다.
③ 남편이 아침에 커피와 토스트를 준비한다.
④ 늦게 퇴근하는 날에는 남편이 저녁을 만든다.

2 남자가 생각하는 결혼생활입니다. 글의 내용과 맞으면 O, 틀리면 X 하십시오.

1) 아내가 매일 아침 요리를 준비한다. ( )
2) 아내가 골라주는 옷을 입고 출근한다. ( )
3) 아내의 사랑스러운 목소리에 잠을 깬다. ( )
4) 멋진 선물을 준비해서 아내를 놀라게 한다. ( )
5) 아내는 맛있는 저녁을 준비해 놓고 나를 기다린다. ( )

3 단어와 뜻을 맞게 연결하십시오.

1) 깨다 •　　　　　• 가. 잠, 꿈 등에서 벗어남

2) 고르다 •　　　　　• 나. 여러 가지 중에서 뽑음

3) 배웅하다 •　　　　• 다. 모습이나 행동이 사랑을 느낄 만큼 귀여움

4) 사랑스럽다 •　　　• 라. 떠나는 손님에게 인사하기 위해 따라 나감

4 여러분이 생각하는 결혼생활은 어떻습니까?

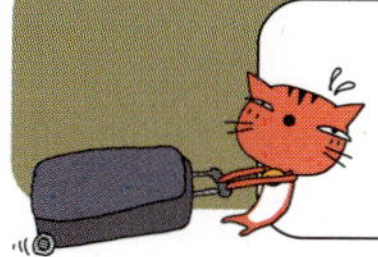

함께해요

 친구가 무엇을 생각하고 있는지 맞혀 보십시오.

> **설명**
>
> 질문은 스무 번만 할 수 있어요.
> '네', '아니요'로만 대답해요.
> 친구가 생각하고 있는 것은 무엇일까요?

한자어 공부

1 동(同)–같다

- **동갑(同甲)**　　나이가 같은 사람
  - 남편과 나는 동갑이다.
  - 부모님은 동갑이라서 친구처럼 지내신다.

- **동감(同感)**　　생각이 같음
  - 나도 그의 말에 동감이다.
  - 제 의견에 동감하는 사람은 손을 들어 주세요.

- **동료(同僚)**　　같은 직장에서 함께 일하는 사람
  - 그는 직장 동료와 결혼했다.
  - 동생은 직장 동료들과 여행 간다고 했어요.

2 이(異)–다르다

- **이견(異見)**　　서로 다른 의견
  - 이견이 있으면 이야기하세요.
  - 이견이 많아 여행 장소를 결정하지 못했다.

- **이성(異性)**　　성이 다름. 남성 쪽에서는 여성, 여성 쪽에서는 남성
  - 우리 동생은 이성 친구가 많다.
  - 나는 그를 이성으로서 좋아하는 것은 아니다.

- **이상(異常)**　　정상적이지 않음
  - 그는 성격이 이상해서 친구가 없다.
  - 겨울인데 날씨가 따뜻하니까 이상해요.

26 설상가상(雪上加霜)

설상가상

　2년 전 여름, 나는 친구들과 함께 지리산으로 여행을 갔다. 매일 바쁘게 일만 하다가 친구들과 여행을 하게 되어서 기분이 아주 좋았다. 차에 텐트와 먹을 것을 싣고 네 시간쯤 가니까 지리산이 보였다.

　간단하게 점심을 먹고 우리는 등산을 시작했다. 공기가 맑고 바람이 시원했다. 그런데 중간 쯤 올라갔을 때 해가 지기 시작했다. 산에서는 빨리 밤이 된다는 것을 잊고 있었던 것이다.

　산을 내려가던 아저씨가 조금만 더 가면 작은 산장이 있다고 했다. 우리는 그 산장에 가려고 서둘렀다. 다시 한 시간 쯤 걸었지만 산장은 보이지 않았다. 길을 잃어버린 것이었다. 가방에서 지도를 찾아보았지만 **설상가상**으로 지도도 없었다.

　할 수 없이 우리는 텐트에서 하룻밤 자기로 했다. 정신없이 자고 있는데 갑자기 텐트 안으로 물이 들어왔다. 너무 피곤했기 때문에 비가 오는 줄도 몰랐다. **설상가상**으로 번개까지 치기 시작했다. 우리는 비를 피할 곳을 찾았다. 다행히 근처에 있는 큰 바위 밑에서 비를 피하면서 새벽이 오기를 기다렸다.

　다음날 아침 등산객을 만나서 무사히 산을 내려올 수 있었다. 지리산 정상에는 가 보지 못했다.

　이번 여름에 다시 한번 가볼까?

활용예문

▶ **설상가상(雪上加霜)**: 좋지 않은 일이 계속 일어남.

- **설상가상**이라고, 회의에 늦었는데 택시도 오지 않는군요!
- 외국에서 길을 잃어버렸는데 **설상가상**으로 돈까지 없었어요.
- 며칠 전에 도둑이 들었는데 어제는 불까지 났으니 정말 **설상가상**입니다.

연습해요

1 글의 내용과 맞는 것은 무엇입니까?

① 나는 이번 여름에 다시 지리산에 간다.
② 꼭대기 작은 산장에서 하룻밤을 보냈다.
③ 너무 피곤해서 비가 오는 줄도 모르고 잤다.
④ 네 시간쯤 올라가니까 공기가 맑고 바람이 시원했다.

2 '나'는 여행을 하면서 왜 기분이 좋았습니까?

3 지리산에서 있었던 여러 가지 '설상가상'의 일을 써 보십시오.

4 다음 단어를 사용하여 문장을 완성해 보십시오.

보기	
무사히　　　간단하게　　　다행히	

1) 가: 배가 고픈데 __________ 만들 수 있는 음식이 뭘까?
　　나: 라면 어때?

2) 가: 자동차 사고가 나서 피터가 입원했다는 소식 들었니?
　　나: 응. 그런데 __________ 많이 다치지는 않았대.

3) 가: 민들레는 전쟁에 나간 남자 친구가 돌아오기를 기다렸대.
　　나: 그래서 남자 친구가 __________ 돌아왔어?

함께해요

1 '설상가상'은 눈 위에 서리가 내린다는 뜻으로 나쁜 일이 계속해서 일어나는 것을 말합니다. 이와 비슷한 표현을 만들어 봅시다.
(예: 다친 데 또 다치기)

2 설상가상으로 힘든 일이 한꺼번에 생길 때가 있습니다. 이럴 때 여러분은 어떻게 합니까?

3 우연히 자기에게 좋지 않은 일만 계속해서 일어나는 것을 '머피의 법칙'이라고 합니다. 여러분이 경험한 '머피의 법칙'은 무엇입니까?

- 오랜만에 세차를 하면 꼭 비가 옵니다.
- 치통은 항상 치과가 문을 닫는 토요일 오후에 시작됩니다.

1)

2)

4 우연히 자기에게 좋은 일만 계속해서 일어나는 것을 '샐리의 법칙'이라고 합니다. 여러분이 경험한 '샐리의 법칙'은 무엇입니까?

- 공부한 것은 꼭 시험에 나온다.
- 버스 정류장에 도착하면 곧 버스가 온다.

1)

2)

쉬어가요

안데스의 기적

1972년 10월 13일 우루과이의 럭비팀과 일행 45명을 태운 비행기가 칠레로 가던 중 안데스 산맥에 추락했다.

22살의 란도 파라도는 의식불명 상태에서 3일 만에 깨어났다. 어머니와 가장 친한 친구는 이 사고로 죽었고 여동생도 8일째 되던 날 죽었다. 살아남은 사람들은 영하 40℃의 추위 속에서 배고픔과 싸워야 했다.

추락한 비행기를 찾던 구조대는 며칠이 지나자 비행기에 탔던 사람들이 모두 죽었을 것이라고 생각하고 더 이상 찾지 않았다. 사람

들은 비행기 안에서 추위를 피했는데 설상가상으로 눈사태가 나서 비행기가 눈에 덮였다. 사람들이 하나 둘씩 죽어가자 란도와 친구는 5,000m가 넘는 안데스 산맥을 넘기로 했다. 10일간 100km를 걸어 구조요청을 했다. 사고가 난 지 72일 만이었다.

살아남은 사람은 겨우 16명이었다. 이 '안데스의 기적'은 전 세계를 놀라게 했고 'Alive'라는 소설과 영화로 만들어졌다.

유언비어(流言蜚語)

유언비어

서동은 어려서부터 머리가 좋고 용감했다. 서동은 신라왕의 셋째 딸인 선화공주가 아름답다는 말을 듣고 공주와 결혼하고 싶어졌다. 그래서 신라의 수도인 경주로 갔다.

경주에서 살면서 아이들과 친해진 서동은 자신이 만든 '서동요'라는 노래를 아이들에게 가르쳐 주었다. 선화공주가 서동을 좋아해서 밤마다 서동의 집으로 간다는 노래였다. 많은 아이들이 서동요를 부르기 시작하자 선화공주에 대한 **유언비어**가 경주에 퍼졌다.

신라의 왕도 이 **유언비어**를 듣게 되었다. 화가 난 왕은 선화공주를 먼 곳으로 보내기로 했다. 먼 곳으로 떠나던 공주는 서동을 만나게 되었고 그가 누구인지는 모르지만 좋은 친구가 될 것 같아서 함께 가기로 했다.

공주는 믿음직스러운 서동이 좋아서 그와 결혼했는데, 결혼한 후에 그의 이름이 서동이라는 것과 그가 서동요라는 노래를 만들었다는 것을 알게 되었다. 서동은 백제로 돌아가서 왕이 되었고 선화 공주는 왕비가 되었다.

서동요는 1300년 전, 아름다운 공주와 결혼하고 싶었던 남자가 만든 노래이다. 사랑을 위해서 **유언비어**를 퍼뜨린 남자의 지혜가 재미있다. 사람들은 **유언비어**를 퍼뜨린 서동이 나쁘지만 뜨거운 사랑의 주인공이라고 했다.

▶ **유언비어(流言蜚語):** 아무 근거 없이 퍼진 소문.
 – 선거 때는 여러 가지 **유언비어**가 퍼진다.
 – **유언비어**를 퍼뜨린 사람을 찾아야 합니다.
 – 전쟁이 일어날 거라는 **유언비어**가 인터넷에 퍼졌다.

연습해요

1 글의 내용과 맞으면 O, 틀리면 X 하십시오.

1) 선화공주는 밤마다 서동의 집으로 갔다. ( )
2) 신라의 왕은 유언비어 때문에 화가 났다. ( )
3) 선화공주는 서동이 싫었지만 유언비어 때문에 결혼했다. ( )
4) 서동은 선화공주와 결혼하기 위해 유언비어를 퍼뜨렸다. ( )

2 경주에 퍼진 선화공주에 대한 유언비어는 무엇입니까?

3 아래 빈칸에 공통으로 들어갈 말은 무엇입니까?

> 꽃향기가 방 안에 __________.
>
> 그 소문은 순식간에 마을 전체에 __________.
>
> 눈병이 __________서 결석하는 학생이 많아요.

① 가득하다　　② 퍼지다　　③ 퍼뜨리다　　④ 돌아다니다

4 단어와 뜻을 맞게 연결하십시오.

1) 용감하다　　•　　　　　• 가. 널리 퍼지게 함

2) 퍼뜨리다　　•　　　　　• 나. 믿음직한 데가 있음

3) 믿음직스럽다　•　　　　• 다. 용기가 있으며 씩씩함

5 서동이 유언비어를 퍼뜨려 결혼한 것을 어떻게 생각합니까? 좋은 방법입니까? 나쁜 방법입니까?

함께해요

가로세로 낱말 잇기

가로

① 아무 근거 없이 퍼진 소문

② 꿈같기도 하고 현실 같기도 한 상태

세로

❶ 하늘이 높고 말이 살찐다는 뜻으로 날씨가 좋은 가을을 말함

❷ 같은 자리에 자면서 다른 꿈을 꿈

❸ 두 사람이 서로 싸우는 바람에 엉뚱한 사람이 이익을 보거나 노력하지 않고 우연히 이익을 봄

 한자어 공부

1 언(言) – 말

- **유언(遺言)** 죽을 때 남기는 말
  - 여러분은 어떤 유언을 남기고 싶습니까?
  - 그는 모든 재산을 가난한 사람들을 위해 써 달라고 유언했다.

- **언론(言論)** 신문이나 방송을 통해 사실을 알리거나 여론을 만드는 일
  - 언론 기관에는 신문사, 방송국 등이 있습니다.
  - 언론을 막으면 정부가 무슨 일을 하는지 알 수 없습니다.

2 어(語) – 말

- **단어(單語)** 동사, 명사 등의 낱말
  - 이 단어의 뜻을 설명해 주세요.
  - 외국어를 공부할 때는 단어를 외우는 것이 중요합니다.

- **언어(言語)** 생각을 표현하는 데 쓰는 말이나 글자
  - 언어 속에는 그 나라의 문화가 있습니다.
  - 인간이 동물과 다른 점은 언어를 가지고 있다는 것이다.

서동요

善化公主主隱	선화공주님은
他密只嫁良置古	남 몰래 정을 통해 두고
薯童房乙	맛둥방(서동)을
夜矣卯乙抱遺去如	밤에 몰래 안고 가다.

(출전: 삼국유사(三國遺事), 권2, 무왕(武王))

우유부단(優柔不斷)

우유부단

나오미에게

어떻게 지내니? 지난 번 전화했을 때 감기에 걸렸다고 했는데 지금은 좀 괜찮니? 자주 편지 쓰지 못해 미안해.

나, 남자 친구가 생겼어. 이름은 앙드레라고 하는데 아주 착하고 잘생겼어.

그런데 며칠 전에 남자 친구와 싸웠어. 같이 극장에 갔는데 어떤 영화를 볼지 선택하는 데 30분이나 걸렸어. 내가 보고 싶어하는 영화는 싫다고 하면서 무슨 영화를 보고 싶으냐고 물으면 대답하지 못하는 거야. 좋은 사람이지만 이럴 때는 정말 화가 나.

남자 친구에게 음식을 주문하라고 하면 메뉴만 이리저리 봐. 물건을 살 때도 어느 것을 사야할지 결정하지 못해서 항상 내가 같이 가야 해. 데이트할 때도 뭘 할지 쉽게 결정하지 못해. 여름 방학에 같이 여행 가기로 했는데 아직도 어디로 갈지 결정하지 못했어. 빨리 비행기표를 예약해야 하는데 이러다가 못 갈 것 같아.

앙드레는 한국어 공부도 열심히 하고 친구도 많고……. 모두 마음에 드는데 성격이 너무 **우유부단**해서 좀 걱정이야. 너도 알겠지만 나는 결단력 있는 남자를 좋아하잖아. 그래서 고민하는 중이야. 네가 나라면 어떻게 하겠니? 네 생각을 빨리 듣고 싶어. 이럴 때 네가 옆에 있으면 참 좋겠어.

네가 정말 보고 싶어. 다음에 만날 때까지 건강하게 잘 지내.

6월 17일

유키코

활용예문

▶ **우유부단(優柔不斷):** 생각만 하고 결정하지 못함.

– 우리 형은 너무 **우유부단**해서 싫다.

– 남자 친구의 **우유부단**한 성격 때문에 헤어졌다.

– 동수는 쉽게 결정하지 못하는 **우유부단**한 성격을 가지고 있다.

연습해요

1 글의 내용과 맞으면 O, 틀리면 X 하십시오.

1) 앙드레는 나오미의 남자 친구다. (   )
2) 유키코가 친구에게 보내는 편지다. (   )
3) 나오미는 결단력 있는 남자를 좋아한다. (   )
4) 남자 친구는 좋은 사람이지만 우유부단하다. (   )
5) 방학 때 남자 친구와 함께 여행을 가려고 한다. (   )

2 '나'는 며칠 전에 왜 남자 친구와 싸웠습니까?

① 어느 것을 사야할지 결정하지 못해서
② 음식을 주문하라고 했는데 메뉴만 봐서
③ 무슨 영화를 볼지 쉽게 결정하지 못해서
④ 여름 방학에 같이 여행갈 곳을 결정하지 못해서

3 다음 단어를 사용하여 문장을 완성해 보십시오.

보기
사귀다   선택하다   화나다   고민하다

1) 동수는 성격이 좋아서 사람을 잘 __________.

2) 나는 __________ 아무 말도 하고 싶지 않았다.

3) 요즘 취직 문제 때문에 __________ 잠을 못 자.

4) 두 개가 모두 마음에 들어서 __________것이 어렵다.

4 여러분이 나오미라면 유키코에게 어떤 이야기를 해 주겠습니까?

함께해요

 우유부단한 남자의 프러포즈

줄무늬 셔츠에 파란색 넥타이를 매세요.

쉬어가요

영화 속 사랑의 명대사

1) 해리가 샐리를 만났을 때

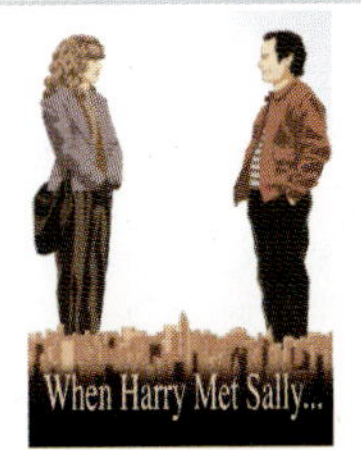

"너와 온종일 지내고 나면 내 옷에 배인 너의 향수 냄새를 사랑해. 그리고 내가 잠들기 전에 마지막으로 이야기를 하고 싶은 사람인 너를 사랑해."

2) 러브스토리

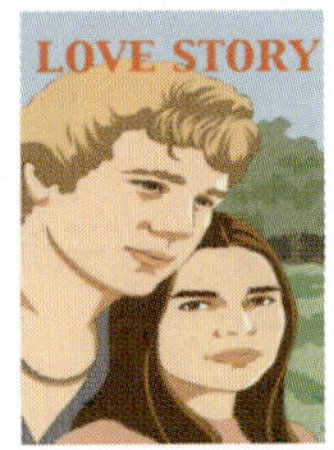

"사랑은 결코 미안하다고 말하는 게 아니야."

3) 누구를 위하여 종을 울리나

"멀리 떨어져 있어도 서로 같은 생각을 하고 있다면 그건 함께 있는 것과 마찬가지야."

4) 미술관 옆 동물원

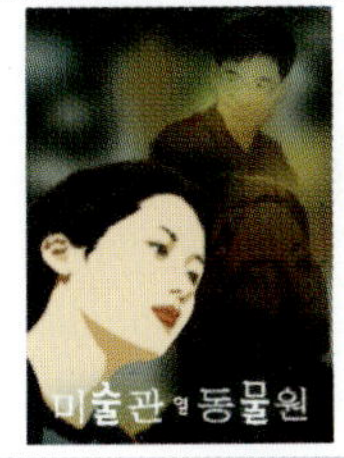

"사랑은 처음부터 풍덩 빠지는 건 줄 알았지. 이렇게 서서히 물들어 버릴 수 있는 건지 몰랐어."

29 죽마고우(竹馬故友)

죽마고우

　오성과 한음이라는 두 친구가 살았다. 오성이 한음보다 다섯 살이 많았지만 두 사람은 좋은 친구로 지냈다.

　어느 날, 가난한 농부가 오성과 한음을 찾아왔다. 욕심 많은 부자가 그의 소를 빼앗아 갔다며 도와 달라고 했다.

　며칠 전 농부의 아내는 길을 가다가 소변이 너무 급했다. 그래서 그 부자의 땅에서 소변을 보았다. 지나가던 부자가 그것을 보고 화를 내며 벌로 소 한 마리를 가져오라고 했다. 농부의 아내는 부자가 너무 무서워서 소를 주겠다는 약속을 하고 집으로 돌아왔다. 그리고 오늘 아침에 부자는 가난한 농부의 소를 데리고 가 버렸다. 농부의 이야기를 들은 오성과 한음은 소를 찾아 주겠다고 약속했다.

　다음날 두 사람은 농부의 아내가 소변을 본 부자의 땅에서 부자가 지나가기를 기다렸다. 부자가 나타나자 두 사람은 싸우기 시작했다. 부자가 두 사람이 왜 싸우는지 물어 보자 오성이 부자에게 대답했다.

　"제가 소변을 보려고 하는데, 제 친구가 이 곳에 소변을 보면 욕심 많은 부자가 소를 빼앗아 간다고 합니다."

　한음은 그런 이야기를 들은 적이 있다며, 높은 자리에 있는 작은 아버지에게 말해서 욕심 많은 부자에게 벌을 줄 것이라고 했다. 깜짝 놀란 부자는 농부를 찾아가서 미안하다고 하며 소를 돌려주었다.

　어릴 때부터 똑똑하고 현명했던 두 사람은 왕의 훌륭한 신하가 되었다. 오성이 어려운 일을 당해서 다른 나라로 쫓겨났을 때 한음은 친구가 그리워서 매일 술을 마시며 울었다. 어릴 때부터 함께 놀고 함께 공부하던 오성과 한음은 죽을 때까지 사이좋은 **죽마고우**였다.

▶ **죽마고우(竹馬故友)**: 어릴 때부터 같이 놀며 자란 친구.

- **죽마고우**인 동수와 민지는 같은 학교에 다닌다.
- 형제처럼 지내는 **죽마고우**라도 예의를 지켜야 한다.
- 아버지는 어릴 때부터 같이 자란 **죽마고우**가 돌아가셔서 슬퍼했다.

연습해요

1 글의 내용과 맞는 것은 무엇입니까?

① 오성과 한음은 길을 가다가 소변을 보았다.
② 어느 날 농부가 찾아와 부자의 소를 빼앗았다.
③ 오성과 한음은 나이가 달랐지만 친구로 지냈다.
④ 왕은 오성과 한음을 모두 다른 나라로 쫓아냈다.

2 농부가 오성과 한음을 찾아온 이유는 무엇입니까?

3 부자는 왜 다시 농부에게 소를 돌려주었습니까?

4 '죽마고우'의 뜻을 글에서 찾아 쓰십시오.

5 다음 단어를 사용하여 문장을 완성해 보십시오.

보기
극복하다　　　빼앗다　　　쫓겨나다　　　현명하다

1) 나쁜 사람들이 동생의 돈을 ____________.

2) 멋있고 돈 많은 사람보다는 ____________ 사람이 좋다.

3) 흥부는 형인 놀부의 집에서 ____________ 힘들게 살았다.

4) 내 친구는 가난을 ____________ 위해서 밤늦게까지 열심히 일했다.

함께해요

 죽마고우의 사진을 붙이고 소개해 봅시다.

▶ 언제 어디에서 만났어요?

▶ 어떻게 친해졌어요?

▶ 기억에 남는 일이 있어요?

▶ 요즘은 그 친구와 어떻게 지내요?

쉬어가요

우정에 관한 한자성어

- **관포지교(管鮑之交)** 신분이 낮거나 높을 때에도 변하지 않는 우정

- **금란지교(金蘭之交)** 둘이 마음을 모으면 쇠를 자를 수 있을 만큼 단단하고, 꽃과 같이 좋은 냄새가 남

- **막역지우(莫逆之友)** 아주 편해서 서로 부끄러움이 없는 친구 사이

- **수어지교(水魚之交)** 물과 물고기처럼 서로 떨어져서 살 수 없는 사이

- **지란지교(芝蘭之交)** 꽃의 향기와 같은 친구 사이

고진감래(苦盡甘來)

고진감래

한 공무원이 자신의 이야기를 책으로 써서 유명해졌다. 초등학교만 졸업한 뒤 검정고시로 고등학교 과정까지 마치고 공무원이 된 김인태 씨가 바로 그 사람이다.

어려운 환경 속에서 초등학교를 졸업한 김인태 씨는 가난해서 중학교에 입학할 수 없었다. 가족을 위해서 돈을 벌어야했기 때문에 김인태 씨는부산에 있는 작은 공장에서 일했다. 라면 한 그릇도 사 먹지 않았고, 한 시간이 넘는 거리를 걸어서 출퇴근했다.

하지만 공부가 너무 하고 싶었던 김인태 씨는 공장에서 일하면서도 밤늦게까지 책을 읽었다. 그리고 6년 만에 고등학교 검정고시에 합격했다.

그 후에도 김인태 씨는 낮에는 일하고 밤에는 공부하는 생활을 계속하면서 공무원 시험에 도전했다. 여러 번 실패했지만 포기하지 않고 계속 도전해서 마침내 시험에 합격했다. 공무원이 된 김인태 씨는 항상 성실하고 부지런히 일해서 상을 여러 번 받았다.

자신의 이야기를 쓴 책이 유명해진 후, 김인태 씨는 한 신문사와 인터뷰를 했다. 그는 어려운 환경 속에서도 열심히 일하고 있는 사람들이 이 책을 읽고 희망을 가졌으면 좋겠다고 했다.

고진감래라는 말이 있다. 고생 끝에 즐거움이 온다는 뜻이다. 김인태 씨는 어려운 환경 속에서도 희망을 버리지 않고 열심히 노력해서 자신의 꿈을 이룰 수 있었다.

활용예문

▶ **고진감래(苦盡甘來): 고생 끝에 즐거움이 옴.**
- **고진감래**라고 여러 번 도전하더니 드디어 산 정상에 올랐군요.
- 힘들지만 참고 노력하면 성공할 거예요. **고진감래**라고 하잖아요.
- **고진감래**라더니 어려운 환경에서도 열심히 공부한 삼촌은 훌륭한 의사가 되었다.

연습해요

1 글의 내용과 맞는 것은 무엇입니까?

① 김인태 씨는 한 번에 시험에 합격했다.
② 김인태 씨는 공장에서 일하면서 검정고시를 쳤다.
③ 김인태 씨는 다른 공무원의 이야기를 책으로 썼다.
④ 김인태 씨는 너무 가난해서 초등학교를 다니지 못했다.

2 김인태 씨는 어떤 사람입니까?

① 돈을 아주 좋아하는 사람이다.
② 어려운 환경에서는 포기를 잘한다.
③ 희망을 쉽게 버리지 않는 사람이다.
④ 어려운 상황에 있는 사람들을 많이 도왔다.

3 다음 단어를 사용하여 문장을 완성해 보십시오.

보기			
환경	고생	상	희망

1) 민지는 착한 일을 많이 해서 ________ 받았습니다.
2) 교육 ________ 좋은 곳에서 아이를 키우고 싶어요.
3) 지리산에 갔다가 길도 잃어버리고 지도도 없어서 ________ 했다.
4) 시험에 떨어졌다고 포기하지 마세요. ________ 가지고 다시 노력하면 좋은
   결과가 있을 거예요.

4 다음 중 '고진감래'의 예가 <u>아닌</u> 것은 무엇입니까?

① 에디슨은 여러 번 실패한 후에 백열등을 발명했다.
② 연기 생활 30년 만에 드디어 주인공 역을 맡았다.
③ 친구에게 생일 선물로 받은 복권이 1등에 당첨됐다.
④ 훈련 때문에 힘들었지만 마침내 올림픽에서 금메달을 땄다.

함께해요

1 김인태 씨는 여러 번의 실패에도 포기하지 않고 계속 도전해서 결국 시험에 합격했습니다. 여러분도 포기하지 않고 계속 도전해서 성공한 적이 있습니까?

2 열심히 노력해서 성공한 사람도 있지만 아무리 노력해도 성공하지 못하는 사람도 있습니다. 여러분은 성공할지 실패할지 모르는 어려운 일에 도전하겠습니까?

3 헬렌 켈러(Helen Keller)는 자신의 장애를 이겨내고 많은 사람들에게 꿈과 용기를 주었습니다. 어떤 노력을 했겠습니까?

상황	노력	결과
헬렌 켈러는 어렸을 때 열병을 앓은 후, 볼 수도 없고 말할 수도 없고 들을 수도 없게 되었다.	1. 점자 읽는 법을 배웠다. 2. 3. 4.	1904년 헬렌 켈러는 우등생으로 대학을 졸업했다. 그 후 미국과 세계 여러 나라를 돌아다니며 보지도 듣지도 말하지도 못하는 사람들의 교육과 복지에 힘썼다. 그리고 자신이 살아 온 이야기를 책으로 써서 많은 사람들에게 꿈과 용기를 주었다.

쉬어가요

 발레리나 강수진

 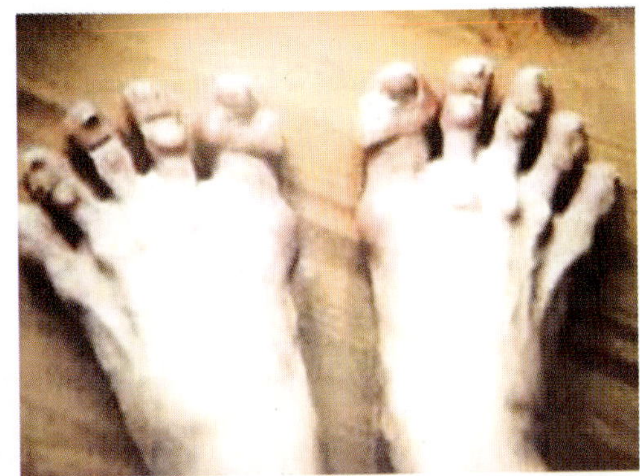

여러분은 발레리나의 발을 본 적이 있습니까? 무대 위에서 춤을 추는 발레리나의 모습은 참 아름답습니다. 그러나 그들의 발을 보면 무대 위의 아름다움이 어느 날 갑자기 얻어지는 것이 아니라는 것을 알 수 있습니다.

발레리나 강수진은 하루 열아홉 시간씩, 1년에 천여 켤레의 토슈즈가 닳도록 연습했다고 합니다. 결국 독일 슈투트가르트(Stuttgart) 발레단에 최연소로 입단할 수 있었고, 지금은 수석 발레리나가 되었습니다.

지난 1998년 독일 슈투트가르트의 '난 재배업 협회'는 그녀가 노란색을 좋아한다는 것을 알고 노란색의 신품종 난에 '강수진'이란 이름을 붙였습니다.

31
금시초문(今時初聞)

이 이야기를
들은 적이
있습니까?
아니요.
처음듣는데요.
아니요.

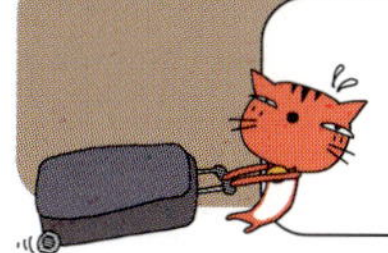

금시초문

자신의 이익만을 생각하는 사람들이 많은 요즘, 볼펜 장사 등으로 힘들게 번 돈 30억원을 기부한 이야기가 있어 우리의 마음을 따뜻하게 만든다.

시청자의 성금을 모아 도움이 필요한 사람들에게 전해 주는 텔레비전 프로그램이 있다. 며칠 전 이 프로그램의 담당자에게 어떤 남자가 찾아와서 30억 원의 돈과 아버지가 쓴 편지를 전했다.

아버지 이 씨는 편지에서 도움이 필요한 사람들을 위해 돈을 사용해 달라고 했다. 그 돈은 이 씨가 젊을 때부터 볼펜 장사 등 힘든 일을 하면서 모은 것이었다. 이 씨는 사람들에게 용기와 희망을 주고 싶다고 했다.

이 씨는 2002년과 2003년에도 태풍으로 집을 잃은 사람들을 위해 1억 원씩 기부한 적이 있었다. 기자들이 인터뷰를 하고 싶다고 하자 이 씨와 아들은 자신들이 한 일을 사람들에게 알리고 싶지 않다고 하면서 거절했다. 그리고 사진도 찍지 않겠다고 했다.

기자들이 이 씨의 친구와 인터뷰를 했는데 모두 이 씨의 기부 이야기가 **금시초문**이라고 했다. 항상 다른 사람을 도와주는 착한 이 씨였지만 그렇게 큰 돈을 기부한 줄 몰랐다고 했다.

이 씨처럼 다른 사람들 모르게 좋은 일을 하는 사람이 있어서 세상이 더 아름다운 것 같다.

활용예문

▶ **금시초문(今時初聞)**: 바로 지금 처음으로 들음.
- 피터가 장학금을 받았다고요? 저는 **금시초문**이에요.
- 유키코가 다음 달에 결혼한다는 얘기는 **금시초문**이다.
- 여자 친구가 유학을 간다는데 동수는 **금시초문**이라고 했어요.

연습해요

1 글의 내용과 맞는 것은 무엇입니까?

❶ 이 씨의 아들은 볼펜 장사를 한다.
❷ 이 씨는 집을 잃은 사람들을 위해 30억을 기부했다.
❸ 이 씨의 친구들은 다른 사람들 모르게 좋은 일을 한다.
❹ 이씨는 도움이 필요한 사람들에게 용기와 희망을 주고 싶었다.

2 이 씨와 아들이 인터뷰를 거절한 이유는 무엇입니까?

3 단어와 뜻을 맞게 연결하십시오.

1) 기부하다 •　　　　　　　　• 가. 돈이나 물건 등을 그냥 줌

2) 거절하다 •　　　　　　　　• 나. 부탁, 선물 등을 받아들이지 않음

3) 전하다 •　　　　　　　　• 다. 가지고 있던 물건이 없어짐

4) 잃다 •　　　　　　　　• 라. 어떤 것을 다른 사람에게 옮겨 줌

4 다음 중 '금시초문'의 예가 <u>아닌</u> 것은 무엇입니까?

❶ 가: 저 다음 달에 결혼해요.
　나: 그래요? 결혼 축하해요.

❷ 가: 시험 공부 많이 했어요?
　나: 무슨 시험요?

❸ 가: 동수가 유럽 여행을 갔대요.
　나: 정말요? 언제 갔대요?

❹ 가: 뉴스 봤어요? UFO가 나타났대요.
　나: 나도 봤지만 믿을 수가 없어요.

가로세로 낱말 잇기

가로

① 묻는 말에 엉뚱한 대답을 함

② 동시에 두 가지 이득을 봄

③ 위험한 상황에서 죽을 뻔하다가 살아남

세로

❶ 바로 지금 처음으로 들음

❷ 힘든 일과 즐거운 일을 함께 함

❸ 계획이 사흘을 가지 못함

쉬어가요

사랑 나누기

사랑의 쌀독

사랑의 쌀독은 가난한 사람들을 도와주기 위한 것입니다. 가난한 사람들을 도와주고 싶으면 쌀독에 쌀을 넣으면 됩니다. 그리고 쌀이 필요한 사람은 누구나 이 쌀독의 쌀을 가져갈 수 있습니다.

사랑의 열매

사랑의 열매는 함께 사는 사회를 만들자는 뜻을 가지고 있습니다. 세 개의 열매는 나, 가족, 이웃을 뜻하고 빨간 색은 따뜻한 사랑의 마음을 의미합니다.

구세군 자선냄비

매년 성탄절이 가까워 오면 빨간 냄비에 돈을 모아서 도움이 필요한 이웃과 함께 나눕니다.

32 백발백중(百發百中)

백발백중

지난 한 해 동안 우리 가족에게는 나쁜 일이 많이 일어났다. 어느 날 아침 아버지는 회사에 출근하려고 길을 건너다가 오토바이와 부딪쳤다. 팔만 조금 다쳐서 다행이었지만 그때 우리 가족은 정말 놀랐다.

한 달 후, 밤중에 동생이 갑자기 열이 나서 아버지가 동생을 응급실로 데리고 갔다. 어머니와 아버지는 사흘 동안 병원과 집을 왔다 갔다 하면서 동생을 돌보았다. 지금은 웃으면서 이야기할 수 있지만 그 때는 가족 모두가 걱정을 많이 했다.

나에게도 나쁜 일이 일어났다. 얼마 전 나는 친구들과 같이 스키를 타러 갔다. 첫날은 스키도 타고 밤늦게까지 친구들과 이야기도 하면서 재미있게 보냈다. 그런데 다음날 스키를 타다가 다른 사람과 부딪쳤다. 나는 다리를 다쳐서 2주일 동안 병원에 누워 있어야 했다.

어머니는 가족들에게 또 나쁜 일이 생길까봐 걱정을 많이 했다. 그래서 어제 점을 보러 갔다. 그 점쟁이가 하는 말은 **백발백중**이라고 소문이 나서 사람들이 많이 찾아간다고 했다. 점쟁이는 올해는 가족에게 더 이상 나쁜 일이 생기지 않고 모두 행복하게 잘 살 거라고 말했다. 어머니는 점쟁이의 말을 듣고 안심하는 것 같았다.

나는 점쟁이의 말이 **백발백중**이라고 생각하지는 않지만 그 말은 정말 믿고 싶다.

▶ **백발백중(百發百中)**: 무슨 일이나 틀리지 않고 잘 맞음.

- 날씨가 이렇게 흐리면 **백발백중** 비가 옵니다.
- 이 문제는 중요하니까 **백발백중** 시험에 나올 거예요.
- 그는 일곱 살부터 활을 쏘았는데 항상 **백발백중**이었다.

연습해요

1 글의 내용과 <u>다른</u> 것은 무엇입니까?

① 나는 얼마 전에 스키장에서 다리를 다쳤다.
② 동생은 밤중에 갑자기 열이 나서 병원에 갔었다.
③ 아버지는 교통사고가 나서 사흘 동안 병원에 있었다.
④ 점쟁이는 올해 우리 가족이 모두 행복할 거라고 말했다.

2 어머니는 왜 점을 보러 갔습니까?

3 '나'는 왜 그 점쟁이의 말을 믿고 싶어합니까?

4 다음 단어를 사용하여 문장을 완성해 보십시오.

보기			
다치다	돌보다	부딪치다	맞다

1) 아기를 __________ 것은 너무 어렵다.

2) 달리던 자동차가 큰 나무에 __________.

3) 선생님은 동수의 답이 __________ 했다.

4) 버스 사고가 크게 났지만 __________ 사람은 세 명밖에 없었어요.

5 다음 중 '백발백중'이 <u>잘못</u> 사용된 것은 무엇입니까?

① 학생은 백발백중 숙제를 해야 한다.
② 피터는 술을 마시면 백발백중 노래를 부른다.
③ 내가 우산을 가지고 가는 날은 백발백중 비가 오지 않는다.
④ 동수가 점심을 사는 걸 보니 백발백중 용돈을 받았나 보다.

1 구두 가게 주인은 손님의 발 크기를 백발백중 알아맞힙니다. 이것처럼 여러분 주위에서 백발백중의 예를 찾아봅시다.

2 그림을 보고 백발백중을 사용해서 문장을 만들어 봅시다.

	제가 세차를 하면 백발백중 비가 옵니다.
	저 선수는 활을 쏘면

쉬어가요

 미래를 보는 눈

노스트라다무스의 예언

노스트라다무스(Nostradamus 1503~1566)는 프랑스의 위대한 예언가다. 그는 프랑스 대혁명, 제2차 세계대전, 우주 왕복선, 베를린 장벽 붕괴, 지구의 종말 등 미래에 일어날 일에 대해 많은 예언을 했다. 그러나 그의 예언은 암호처럼 쓰여 있어서 사람마다 해석이 다르다. 그의 예언이 **백발백중** 맞는 것은 아니지만 미래를 알고 싶어하는 사람들은 지금도 그의 예언서를 읽고 있다.

동물의 예지능력

자연재해나 날씨 변화에 따른 동물들의 이상 행동에 대한 이야기는 많이 알려져 있다. 2004년 12월 인도네시아, 스리랑카, 인도에서 쓰나미가 발생했을 때 미리 피하지 못한 많은 사람들이 죽고 다쳤다. 그렇지만 코끼리나 사슴과 같은 동물들은 쓰나미가 발생하기 전에 높은 곳으로 올라가서 살 수 있었다. 파키스탄에서도 지진이 일어나기 전에 까마귀들이 비명소리를 내며 둥지를 떠났다.

또 개미가 높은 곳으로 가거나, 제비가 낮게 날거나, 지렁이가 땅 밖으로 나오면 비가 온다고 한다. 그리고 쥐가 건물 밖으로 나가거나, 고기가 어항에서 튀어나오면 지진이 일어난다고도 한다. 이러한 동물의 이상 행동은 과학적으로 밝혀진 증거도 없고 **백발백중** 맞는 것도 아니지만 동물들이 인간과는 다른 특별한 능력을 가지고 있음을 말해준다.

33
학수 고대(鶴首苦待)

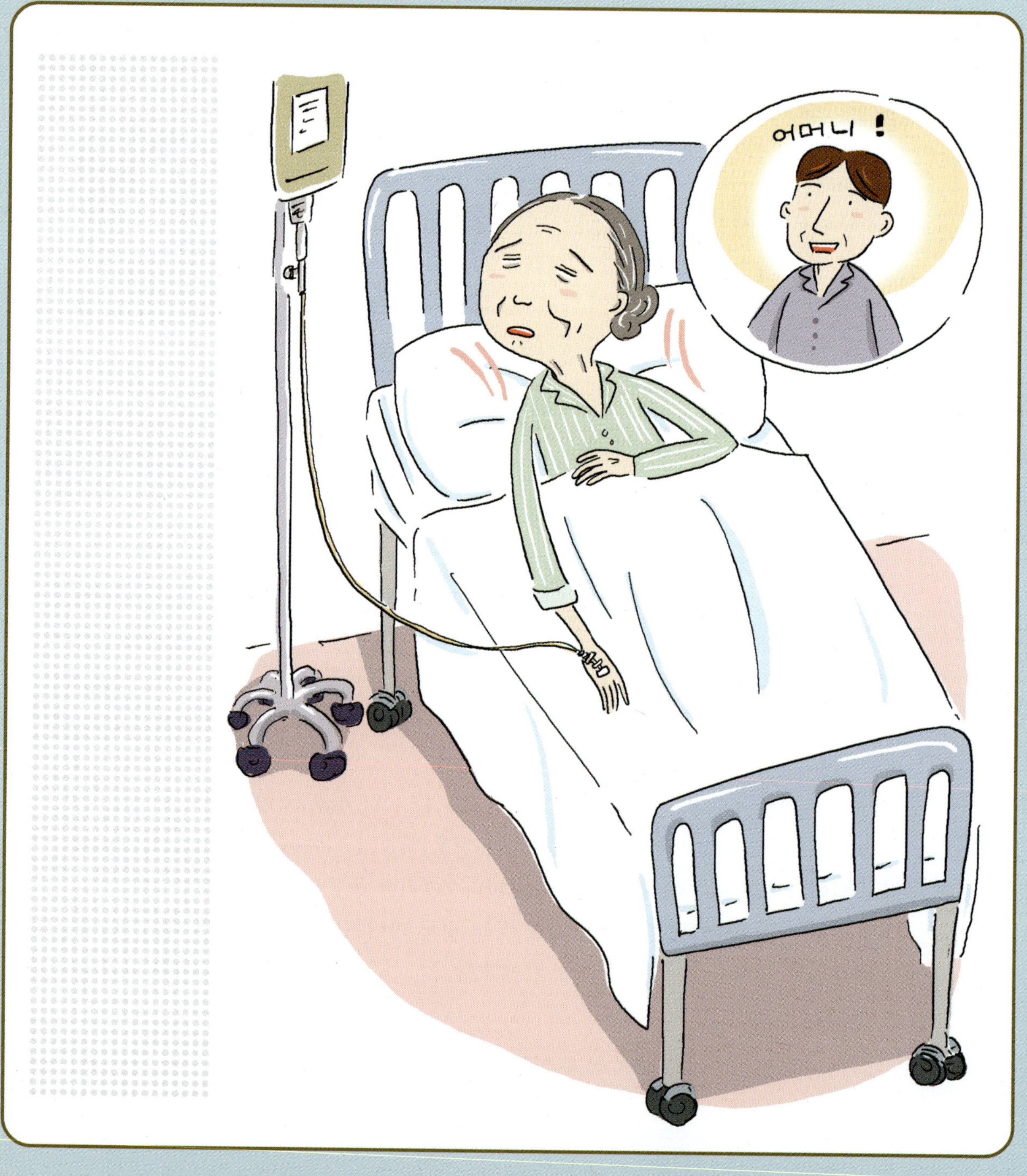

어머니 !

학수고대

한국전쟁 때 헤어진 큰아버지가 북한에 살아 계시다는 소식을 듣고 할머니는 기뻐하셨다. 그런데 큰아버지를 만나기 며칠 전에 할머니는 돌아가시고 말았다. 큰아버지와의 만남을 **학수고대**하셨는데…….

드디어 이산가족의 만남이 있던 날, 큰아버지를 만난 아버지와 고모는 슬퍼 보였다. 아버지는 큰아버지가 아직 북한에 살아 있다는 이야기를 듣고 할머니가 기뻐하셨다고 말씀하셨다. 하지만 건강이 좋지 않으셨던 할머니가 며칠 전에 큰아버지의 이름을 부르며 돌아가셨다고 말씀하면서 눈물을 흘리셨다.

"형님, 어머니를 잘 모시지 못해서 죄송해요."

고모도 큰아버지가 돌아가신 줄 알고 해마다 제사를 지냈다고 말씀하시면서 우셨다.

할머니를 만날 줄 아셨던 큰아버지는 할머니가 갑자기 돌아가셨다는 이야기를 듣고 슬퍼하셨다. 게다가 할머니의 무덤에도 갈 수 없어서 더 슬퍼하셨다.

다음 날 큰아버지는 북한으로 돌아가면서 통일이 되는 날까지 건강하게 살아 있어야 한다고 말씀하셨다. 큰아버지는 아버지와 고모의 손을 꼭 잡고 더 이상 말을 하지 못하셨다.

나는 한국전쟁이 어땠는지, 왜 가족들이 헤어져야 했는지, 헤어진 가족들의 슬픔이 얼마나 큰지 잘 모른다. 그러나 우리 할머니와 아버지처럼 북한에 가족이 있지만 만나지 못하는 사람들을 위해 빨리 통일이 되었으면 좋겠다.

활용예문

▶ **학수고대(鶴首苦待)**: 학의 목처럼 목을 길게 빼고 기다림.

– 어머니는 유학 간 아들의 편지를 **학수고대**하고 있어요.

– 남자 친구가 취직하기를 **학수고대**했는데 또 떨어졌어요.

– 민들레는 전쟁에 나간 남자 친구가 돌아오기를 **학수고대**했다.

연습해요

1 글의 내용과 맞으면 O, 틀리면 X 하십시오.

1) 나는 통일이 되기를 학수고대한다. (-)
2) 아버지와 큰아버지는 전쟁 때문에 헤어졌다. ( )
3) 우리 가족은 해마다 큰아버지의 제사를 지냈다. ( )
4) 큰아버지는 할머니의 무덤에 갈 수 있어서 기뻐하셨다. ( )
5) 할머니는 한국전쟁이 일어나고 며칠 후 돌아가셨다. ( )

2 단어와 뜻을 맞게 연결하십시오.

1) 제사 •   • 가. 죽은 사람을 땅에 묻어 놓은 곳

2) 무덤 •   • 나. 나누어진 것들이 합쳐져서 하나가 됨

3) 통일 •   • 다. 죽은 사람을 위해 음식을 차려 놓음

3 큰아버지를 만난 아버지와 고모는 왜 슬퍼 보였습니까?

4 큰아버지는 아버지와 고모의 손을 잡고 왜 아무 말도 못하고 눈물만 흘리셨습니까?

5 큰아버지와 아버지, 고모가 만나는 모습을 본 '나'의 마음은 어떠했겠습니까?

함께해요

1 그림을 보고 '학수고대'를 사용해서 문장을 만드십시오.

북한에 가족을 두고 온 할아버지는 _______________

____

고등학교 3학년 아이가 있는 어머니는 _______________

____

____

____

2 여러분이 학수고대하는 것은 무엇입니까? 친구들과 함께 이야기해 봅시다.

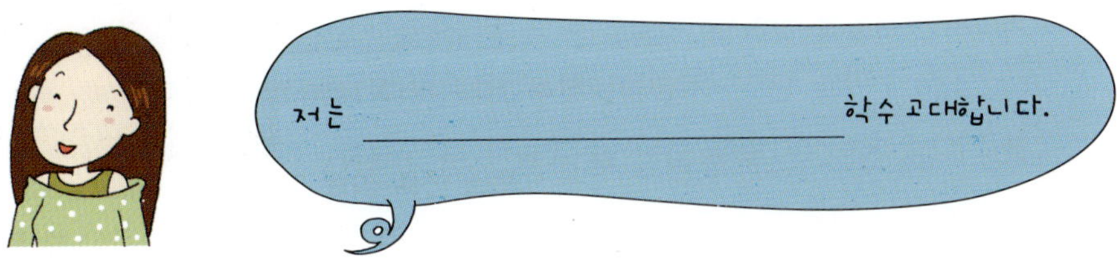

쉬어가요

옛날이야기 속 '학수고대'

망부석 이야기

　신라의 박제상은 왕의 동생을 구하러 떠났다. 그의 아내는 남편이 배를 타고 떠난 곳이 보이는 언덕에 서서 남편이 무사히 돌아오기를 **학수고대**하며 날마다 기도했다. 결국 남편은 돌아오지 않았고 아내는 매일 기도하던 언덕에서 돌이 되었다.

석가탑 이야기

　백제사람 아사달은 돌을 다듬는 재주가 뛰어나서 신라에서 석가탑을 만들게 되었다. 고향에서 **학수고대**하며 그를 기다리던 아내 아사녀는 남편을 만나러 신라로 찾아갔다. 탑이 완성될 때까지 기다려야 했던 아사녀는 어느 날 물에 비친 완성된 탑의 그림자를 보고 너무 기뻐서 물 속으로 뛰어들었다.

백일홍 이야기

　하늘나라의 왕자는 어느 날 괴물에게 잡혀간 아가씨를 구해 주었다. 그런데 왕자는 잃어버린 보물을 찾아야만 아가씨와 결혼할 수 있었다. 왕자는 백일만 기다리면 보물을 찾아 흰 깃발을 꽂고 돌아오겠다고 아가씨에게 약속 했다. 아가씨는 **학수고대**하며 왕자를 기다리다가 100일째 되는 날 괴물의 피가 묻은 빨간 깃발의 배를 보고는 왕자가 죽은 줄 알고 바다로 뛰어들었다.

34 다정다감(多情多感)

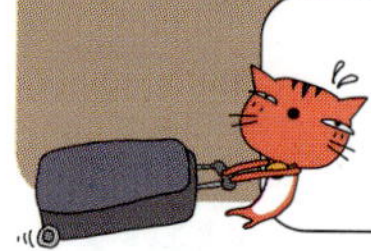

다정다감

저는 베트남에서 한국으로 시집온 '리티브'입니다. 한국에서 산 지 벌써 3년이 되었습니다. 이제는 한국말도 조금 할 수 있고 친구도 많아서 한국 생활이 재미있습니다. 시부모님과 함께 살고 있고 딸도 하나 있습니다.

그러나 한국 생활이 처음부터 좋았던 것은 아닙니다. 처음 한국에 왔을 때는 한국말을 하나도 몰랐습니다. 남편도 베트남 말을 할 줄 몰라서 서로 그림을 그려서 이야기를 했습니다.

어느 날 남편이 한국어책을 사 와서 저는 한국말을 공부하기 시작했습니다. 하지만 시어머니가 하시는 말씀과 한국어책에 나오는 말은 너무 달랐습니다. 또 시어머니가 가르쳐 주시는 말은 한국어책에 없었습니다. 나중에 알고 보니 시어머니가 쓰는 말은 사투리였습니다. 이제는 저도 사투리를 잘합니다.

높임말을 몰라서 실수한 적도 있습니다. 한번은 저녁밥을 준비하고 "밥 먹어."라고 말한 적이 있습니다. 시아버지는 제 얼굴을 한참 보시더니 "허허." 웃으셨습니다. 시어머니가 항상 저에게 "밥 먹어."라고 말했기 때문에 저도 그렇게 말했는데 지금 생각하니까 정말 우습습니다.

이렇게 한국말도 못하고 한국 문화도 모르던 제가 한국 생활에 잘 적응할 수 있게 된 것은 **다정다감**한 시부모님과 남편 덕분입니다. 제가 실수를 해도 화내지 않고 자상하게 설명해 주셨습니다. 제가 고향 생각, 부모님 생각으로 힘들 때면 남편은 먼 곳까지 가서 베트남 음식을 사 왔습니다. 이렇게 정이 많은 시부모님과 남편이 있어서 한국 생활은 힘들지 않았습니다.

어머님, 아버님, 여보, 정말 사랑해요.

활용예문

▶ 다정다감(多情多感): 정이 많고 감정이 풍부함.
 – 그녀는 **다정다감**해서 모든 사람들이 좋아해요.
 – 민지는 내가 아플 때 약을 사다 주는 **다정다감**한 친구다.
 – 내가 힘들 때 따뜻한 말로 위로해 주는 **다정다감**한 그 남자가 좋아요.

연습해요

1 글의 내용과 맞으면 O, 틀리면 X 하십시오.

1) 한국에서 베트남 음식을 먹지 못해 힘들었습니다. (   )

2) 시어머니는 나에게 사투리를 가르쳐 주었습니다. (   )

3) 시부모님과 남편 덕분에 한국 생활이 힘들지 않았습니다. (   )

4) 나는 남편이 사 준 한국어책으로 한국어를 공부했습니다. (   )

2 '나'는 처음 한국 생활을 할 때 무엇이 힘들었습니까?

3 시부모님의 다정다감한 행동을 글에서 찾아 쓰십시오.

4 남편의 다정다감한 행동을 글에서 찾아 쓰십시오.

5 다음 단어를 사용하여 문장을 완성해 보십시오.

보기			
우습다	적응하다	자상하다	위로하다

1) 사고로 가족을 잃고 슬퍼하는 친구를 __________.

2) 아버지처럼 __________ 사람과 결혼하고 싶어요.

3) 코미디 프로그램이 __________ 계속 웃었다.

4) 새로 들어간 직장에 __________ 요즘 너무 힘들어요.

함께해요

1. 여러분이 생각하는 다정다감한 사람은 어떤 사람입니까?

2. 사랑하는 사람이 있지만 다정다감한 마음을 말이나 행동으로 표현하지 못하는 사람이 있습니다. 그리고 사랑하는 사람이 있지만 모든 여자(남자)에게 다정다감한 사람도 있습니다. 여러분은 어떤 사람이 더 좋습니까?

3. 다정다감한 사람과 무뚝뚝한 사람의 말이나 행동을 추측해 보십시오.

	무뚝뚝한 사람	다정다감한 사람
꽃이 너무 예쁘죠?	꽃이니까 예쁘지.	당신이 저 꽃보다 더 예뻐요.
나 미용실에 다녀왔어. 어때?		
외국 생활이 너무 힘들어.		
미안해. 생일 선물을 못 샀어.		

 사랑하는 사람이 있습니까? 그 사람에게 사랑한다고 다정다감하게 말해 봅시다.

한국어	⇨	사랑합니다
영어	⇨	I love you [아이 러브 유]
중국어	⇨	Wo ai ni [워 아이 니]
일본어	⇨	愛(あい)してる [아이시떼루]
독일어	⇨	Ich liebe dich [이히 리베 디히]
프랑스어	⇨	Je t'aime [즈 뗌므]
스페인어	⇨	Yo te quiero [요 떼 끼에로]
이탈리아어	⇨	Ti amo [띠 아모]
포루투갈어	⇨	Gosto muito de te[고스쁘 무이뜨 드 뜨]
러시아어	⇨	Я люблю тебя [야 류블류 찌뱌]
아라비아어	⇨	Wuhibbuka [우히부카]
헝가리어	⇨	Szeretlek [쎄레뜰렉]
네덜란드어	⇨	Ik hou van jou [이크 하우 반 야우]

35 이구 동성(異口同聲)

이구동성

한국 여대생들이 듣기 싫어하는 이야기는 무엇일까? 첫 번째는 군대 이야기이고, 두 번째는 축구 이야기, 세 번째는 군대에서 축구한 이야기라고 한다. 그런데 이런 말은 이제는 바뀌어야 한다. 축구에 관심이 없던 여대생들이 축구를 좋아하게 되었기 때문이다. 여대생들이 축구를 좋아하게 된 것은 무엇 때문일까? 바로 2002년 월드컵 때문이다.

월드컵에서 한국팀이 경기를 할 때 텔레비전을 보고 있던 모든 사람들은 '대한민국'을 외쳤다. 경기가 끝난 후 붉은 티셔츠를 입은 사람들은 '대한민국'을 외치면서 시내를 걸었고 달리던 차들도 경적을 울리면서 승리를 축하했다. 커피숍과 술집에서 경기를 보던 사람들도 축구 이야기로 밤을 새웠다. 전 국민이 하나가 되어 한국팀을 응원했다.

한국팀 선수들은 경기를 할 때 국민의 응원이 가장 큰 힘이 되었다고 **이구동성**으로 말했다. 한국팀의 승리는 전 국민의 응원으로 가능했던 것이다. 한국팀이 가는 곳마다 따라다니면서 응원한 '붉은 악마'는 한국 축구의 상징이 되었다.

얼마 전 한국의 젊은이들에게 한국을 대표하는 색깔이 무엇이냐고 물었는데 '빨간색'이라고 대답한 사람이 제일 많았다고 한다. 한국 축구팀의 빨간색 유니폼과 한국 응원단 '붉은 악마' 때문이었다.

경기의 재미와 함께, 모두를 하나로 만들어 주는 응원은 사람들이 월드컵 경기를 좋아하는 또 하나의 이유가 아닐까?

활용예문

▶ **이구동성(異口同聲)**: 여러 사람의 말이 같음.
- 모든 사람들이 **이구동성**으로 그를 칭찬했다.
- 선생님의 질문에 학생들은 **이구동성**으로 같은 대답을 했다.
- 여행을 가자는 동수의 말에 친구들은 **이구동성**으로 찬성했다.

연습해요

1 글의 내용과 맞으면 O, 틀리면 X 하십시오.

1) 요즈음 여대생들은 축구 이야기를 싫어한다. ( )
2) 월드컵 경기를 보면서 사람들은 '대한민국'을 외쳤다. ( )
3) 한국팀 선수들은 국민의 응원이 큰 힘이 되었다고 했다. ( )
4) '붉은 악마'는 한국 축구팀을 응원하는 사람들의 모임이다. ( )

2 2002년 월드컵 때 한국의 모습이 <u>아닌</u> 것은 무엇입니까?

❶ 사람들은 커피숍과 술집에서도 축구 경기를 보았다.
❷ 남자, 여자, 어른, 아이 모두 붉은 악마를 응원했다.
❸ 한국팀이 경기를 하는 곳에는 항상 '붉은 악마'가 있었다.
❹ 사람들은 집과 거리, 달리던 차에서도 한국팀을 응원했다.

3 한국을 대표하는 색깔로 빨간색을 뽑은 이유는 무엇입니까?

4 이 글을 쓴 사람은 사람들이 월드컵 경기를 좋아하는 이유가 무엇이라고 생각합니까?

5 다음 중 '이구동성'이 <u>잘못</u> 사용된 것은 무엇입니까?

❶ 친구들은 이구동성으로 그런 이야기는 금시초문이라고 했다.
❷ 여러 사람들이 이구동성으로 말해서 무슨 뜻인지 이해할 수 없었다.
❸ 그 영화를 본 사람들은 이구동성으로 음악이 너무 좋았다고 말했다.
❹ 많은 외국인이 이구동성으로 말하는 가장 좋아하는 한국 음식은 불고기이다.

함께해요

이구동성 게임

그동안 배운 한자성어를 이용해서 이구동성 게임을 해 봅시다.

설명

1) 4명이 한 팀이 됩니다.
2) 선생님이 문제를 냅니다. 답은 4글자입니다.
3) 첫 번째 사람은 답의 첫 글자를, 두 번째 사람은 두 번째 글자를, 세 번째 사람은 세 번째 글자를, 네 번째 사람은 네 번째 글자를 씁니다.
4) 4명이 모두 맞혀 완성된 한자성어를 알아내면 이깁니다.

쉬어가요

2002 한일 월드컵

36 대기만성(大器晚成)

대기만성

　옛날에 최염이라는 장군이 있었다. 외모뿐 아니라 인품도 훌륭해서 주위 사람들이 모두 장군을 좋아했다. 또한 재주가 뛰어나고 아주 용감해서 전쟁에 나가면 항상 이기고 돌아왔기 때문에 왕도 그를 믿었다.

　최염에게는 최임이라는 사촌 동생이 하나 있었는데 재주가 뛰어났고 나라와 왕을 위해 충성하겠다는 의지가 있었다. 그렇지만 몸이 약하고 외모가 평범해서 나라를 위해서 일할 기회를 얻지 못했다. 친구와 친척들은 그런 최임을 무시했다.

　"사촌인데 저렇게 다를 수가 있을까? 형을 좀 닮았으면 좋았을 텐데……."

　그러나 최염은 항상 동생을 격려해 주었다.

　"큰 그릇은 쉽게 만들어지지 않는 법이야. 마찬가지로 훌륭한 사람이 되기까지는 오랜 시간이 걸리지. 내가 보기에 너는 **대기만성**형인 것 같구나. 실망하지 말고 때를 기다리며 열심히 공부해. 그러면 반드시 나보다 더 훌륭한 사람이 될 거야."

　형의 따뜻한 말에 용기를 얻은 최임은 더 열심히 공부했다. 몇 년이 지나서 최임은 나라에서 가장 훌륭한 학자가 되었다. 최염은 왕에게 동생의 이야기를 했다. 최임을 만나 본 왕은 그의 재주와 인품을 좋아하게 되어 높은 관리로 임명했다. 최임은 형이 말한 것처럼 높은 지위에 올라 왕을 가까이에서 돕게 되었다.

활용예문

▶ **대기만성**(大器晩成): 큰 그릇을 만드는 데는 오랜 시간이 걸리고, 크게 될 사람의 뜻은 늦게 이루어짐.

　− **대기만성**이라고, 열심히 노력하면 언젠가는 시험에 붙을 거예요.

　− 나는 무엇을 빨리 이루려는 사람보다 **대기만성**형의 사람이 좋다.

　− **대기만성**형인 삼촌은 오랫동안 준비해서 한국은행에 취직했어요.

연습해요

1 글의 내용과 <u>다른</u> 것은 무엇입니까?

① 최임은 높은 관리가 되지 못해 크게 실망했다.
② 최임은 재주가 뛰어났지만 쉽게 뜻을 이루지 못했다.
③ 왕이 믿었던 최염 장군은 최임의 사촌 형이다.
④ 훌륭한 사람이 되려면 때를 기다리며 열심히 준비해야 한다.

2 사람들은 왜 최염을 좋아하고 최임을 무시했습니까?

3 '대기만성'의 뜻을 글에서 찾아 쓰십시오.

4 다음 단어를 사용해서 문장을 만들어 봅시다.

1) 무시하다: ______________________________.

2) 용감하다: ______________________________.

3) 격려하다: ______________________________.

4) 실망하다: ______________________________.

5 여러분은 긴 시간을 준비하고 노력해서 이룬 일이 있습니까?

함께해요

 가로세로 낱말 잇기

가로

① 어릴 때부터 같이 놀며 자란 친구

② 학문을 연구하는 사람

③ 큰 그릇을 만드는 데는 오랜 시간이 걸리고 크게 될 사람의 뜻은 늦게 이루어짐

세로

❶ 이리저리 왔다 갔다 하며 방향을 찾지 못함

❷ 학의 목처럼 목을 길게 빼고 기다림

❸ 생각만 하고 결정하지 못함

한자어 공부

1 대(大)–크다

- **대학교(大學校)** 4년제 종합 대학
  - 우리는 한국대학교에서 한국어를 배운다.
  - 나는 올해 고등학교를 졸업하고 대학교에 입학했다.

- **대도시(大都市)** 지역이 넓고 인구가 많은 도시
  - 대도시에는 여러 가지 사회문제가 발생한다.
  - 젊은 사람들은 소도시보다 대도시를 좋아한다.

- **대한민국(大韓民國)** 한국의 이름
  - 대한민국의 수도는 서울이다.
  - 모두 "대한민국"을 외치며 한국 축구팀을 응원했다.

2 소(小)–작다

- **소형(小型)** 작은 모양의 것
  - 요즘은 소형차가 인기 있다.
  - 혼자 사는 사람들을 위한 소형 가전제품이 많다.

- **소아과(小兒科)** 어린 아이들을 진료하고 치료하는 병원
  - 소아과 의사들은 아이들을 잘 이해한다.
  - 아침부터 아이가 많이 아파서 소아과에 갔다 왔다.

- **소식(小食)** 음식을 적게 먹음
  - 요즘은 건강을 위해 소식하는 사람이 많다.
  - 오빠는 많이 먹는 대식가였지만 지금은 건강 때문에 소식한다.

37 전화위복(轉禍爲福)

전화위복

　삼촌은 3년 전에 직장을 그만두었다. 다니던 회사가 어려워져서 함께 일하던 사람들도 모두 직장을 그만두어야 했다. 삼촌은 다시 취직하기 위해 여기저기에 이력서를 내고 면접도 보았다. 하지만 대학교는 물론 고등학교도 다니지 않았다는 이유로 취직하지 못했다.

　삼촌은 고등학교에 입학했지만 졸업을 못했다. 할아버지가 갑자기 돌아가시고 할머니도 건강이 좋지 않아서 삼촌이 돈을 벌어야 했다. 그래서 고등학교를 1년 다니다가 그만두고 작은 회사에 취직을 했다. 삼촌은 그 곳에서 10년 동안 누구보다도 열심히 일했지만 갑자기 회사를 그만두어야 했다. 다른 회사에서 일할 수 있는 기회도 얻지 못한 삼촌은 무척 실망했지만 포기하지 않았다.

　직장을 그만둔 삼촌은 다시 고등학교에 입학해서 10살이나 어린 학생들과 함께 열심히 공부했다. 그리고 올해 대학 입학시험을 본 삼촌은 의과대학에 합격했다. 다른 사람들보다 많이 늦었지만 어릴 때 꿈이었던 의사가 될 거라며 삼촌은 아주 기뻐했다. 직장을 그만두어야 했던 일이 오히려 삼촌에게는 어릴 때 꿈을 이룰 수 있는 좋은 기회가 된 것이다.

　어려운 일이 생기면 대부분의 사람들은 실망하고 쉽게 포기한다. 그러나 어떤 사람들은 그 어려움을 **전화위복**의 기회로 생각하고 더 열심히 노력한다. 삼촌처럼 포기하지 않고 노력한다면 어려움을 경험하지 않은 사람보다 더 크게 발전할 수 있을 것이다.

활용예문

▶ **전화위복(轉禍爲福):** 나쁜 일이 바뀌어서 오히려 좋은 일이 됨.

－ 어렵고 힘든 일을 **전화위복**의 기회로 생각하고 더 노력하세요.

－ **전화위복**이라더니 오랫동안 취직을 못하던 형이 친구들보다 더 좋은 회사에 취직했다.

－ **전화위복**이라고 하잖아요. 열심히 노력하면 지금보다 더 좋은 기회를 얻을 수 있을 거예요.

연습해요

1 글의 내용과 맞는 것은 무엇입니까?

① 직장을 잃은 삼촌은 실망하고 포기했다.
② 삼촌은 10년 동안 일한 회사를 그만두어야 했다.
③ 삼촌의 어릴 때 꿈은 좋은 회사에 다니는 것이었다.
④ 삼촌은 고등학교에 다시 입학하려고 회사를 그만두었다.

2 삼촌은 왜 다른 회사에서 일할 기회를 얻지 못했습니까?

① 의과대학에 합격해서
② 다니던 회사가 어려워져서
③ 할머니 건강이 좋지 않아서
④ 고등학교를 졸업하지 못해서

3 삼촌은 왜 고등학교를 그만두었습니까?

4 삼촌이 경험한 '전화위복'은 무엇입니까?

5 단어와 뜻을 맞게 연결하십시오.

1) 노력하다 •　　　　　• 가. 하려고 한 일을 도중에 그만둠

2) 발전하다 •　　　　　• 나. 더 나은 상태나 더 높은 단계로 나아감

3) 포기하다 •　　　　　• 다. 목적을 이루기 위해서 몸과 마음으로 애를 씀

함께해요

이야기를 완성해 봅시다.

에릭 씨는 여자 친구와 헤어졌습니다. 그래서 매일 술만 마시고 한국어 공부도 하지 않습니다. 내가 에릭 씨라면 이것을 전화위복의 기회로 생각하고 ____

우리 언니는 벌써 세 번이나 대학 시험에 떨어졌습니다. 부모님이 꼭 의과대학에 들어가야 한다고 해서 언니는 고민이 많습니다. 내가 언니라면 이것을 전화위복의 기회로 생각하고 ____

동수는 야구선수입니다. 그런데 얼마 전 교통사고 때문에 팔을 다쳐서 이제는 야구를 할 수 없게 되었습니다. 그래서 요즘 기분이 좋지 않습니다. 내가 동수라면 이것을 전화 위복의 기회로 생각하고 ____

 **전화위복 이야기**

세계적인 성악가 찰리 맥카시(Charlie McCarthy)

찰리 맥카시는 시골에서 태어났으며 매우 가난했습니다. 학교에 갈 수도 없었고, 기술이 없어서 공장에서 일을 할 수도 없었습니다. 그러던 어느 날 사진을 찍는 기술을 배워서 돈을 벌어야겠다는 생각을 했습니다. 그래서 사진에 관한 책을 주문했습니다.

그런데 서점의 실수로 사진에 관한 책 대신에 발성법에 관한 책이 왔습니다. 찰리 맥카시는 그 책을 돌려보낼 돈도 없었고 방법도 몰랐습니다. 그는 무척 실망했지만 받은 책을 읽기로 했습니다. 책을 읽으면서 발성법에 대해 공부한 그는 음악에 관심을 갖게 되었고 마침내 세계적인 성악가가 되었습니다.

포스트 잇(Post-it)

3M 회사에서 일하던 스펜서 실버(Spencer Silver)는 강한 접착제를 만들다가 실패하여 쉽게 떨어지는 약한 접착제를 만들게 되었습니다.

그런데 같은 회사에서 일하고 있던 아트 프라이(Art Fry)는 글을 악보 위에 직접 쓰지 않고 표시하는 방법을 찾고 있었습니다. 그는 실버가 만든 약한 접착제를 종이에 묻혀 사용했습니다. 이것이 바로 오늘날 많은 사람들이 편리하게 사용하고 있는 포스트 잇(Post-it)입니다.

38 내유외강(內柔外剛)

내유외강

  정이 많은 어머니는 항상 친구처럼 우리 이야기를 잘 들어주신다. 그래서 우리는 고민이 있으면 어머니에게 먼저 이야기한다. 어머니와 달리 아버지는 우리가 조금이라도 잘못한 일이 있으면 큰 소리로 야단치신다. 우리는 이런 아버지가 무섭고 멀게 느껴졌다.

  지난해, 건강하던 언니가 병에 걸려 오랫동안 입원해 있었다. 언니가 수술을 받던 날, 부모님은 수술실 앞에서 계속 기도를 하셨다. 수술이 끝나고 병실로 옮겨진 언니를 보고 아버지는 눈물을 흘리셨다.

  '아, 아버지가 눈물을 흘리시다니…….'

  나는 아버지의 눈물을 처음 보았다. 평소에 잘 웃지도 않던 아버지는 아픈 언니를 보면서 마음속으로는 울고 또 우셨던 것이다. 아버지는 언제나 강한 사람이라고 생각했는데 누구보다 따뜻하고 부드러우셨다.

  언니의 오랜 병원 생활로 우리 가족은 모두 지쳐 갔지만 어머니는 한 번도 지친 모습을 보이지 않으셨다. 언니가 힘들어할 때 희망을 잃지 않도록 격려하며 항상 웃는 얼굴로 따뜻한 말을 해 주셨다. 정도 많고 눈물도 많아서 약한 줄 알았던 어머니의 강한 모습을 보고 나는 많이 놀랐다.

  겉으로는 강해 보이지만 마음은 따뜻한 **내유외강**의 아버지와 겉으로 보기에는 아주 부드럽지만 의지가 강한 **외유내강**의 어머니. 표현하는 방법은 다르지만 자식을 사랑하는 두 분의 마음은 다르지 않았다.

  언니는 아직 옛날만큼 건강하지는 않지만 조금씩 좋아지고 있다. 크고 깊은 부모님의 사랑 덕분에…….

활용예문

▶ 내유외강(内柔外剛): 겉으로 보기에는 강하지만 속은 부드러움.

　외유내강(外柔内剛): 겉으로 보기에는 부드럽지만 속은 강함.

　　– **내유외강**한 아버지는 우리에게 마음을 잘 보여주지 않았다.

　　– 그녀는 얼음처럼 차가워 보이지만 사실 **내유외강**한 여자다.

　　– 민수는 겉으로 보기에는 부드럽지만 의지가 강한 **외유내강**의 사람이다.

연습해요

1 글의 내용과 맞으면 O, 틀리면 X 하십시오.

1) 어머니는 가족들 앞에서 지친 모습을 보이셨다.　　　　　(　　)

2) 친구 같은 어머니는 우리의 고민을 잘 들어주신다.　　　　(　　)

3) 우리는 아버지가 언제나 강한 사람이라고 생각한다.　　　(　　)

4) 언니가 수술 받던 날 나는 아버지의 눈물을 처음 보았다.　(　　)

2 어머니의 외유내강한 모습을 글에서 찾아 쓰십시오.

1) 부드러운 모습

2) 강한 모습

3 다음 단어를 사용하여 문장을 완성해 보십시오.

보기		
의지하다	부드럽다	표현하다

1) 이 치즈 케이크는 아주 ___________ 맛있어서 사람들이 모두 좋아해요.

2) 언니는 사랑하는 사람에게 마음을 ___________ 못하고 상사병에 걸렸습니다.

3) 나는 힘든 일이 생기면 아버지에게 많이 ___________. 아버지는 내가 힘들어할 때마다 항상 제 옆에 계십니다.

4 여러분의 아버지와 어머니는 어떤 분입니까?

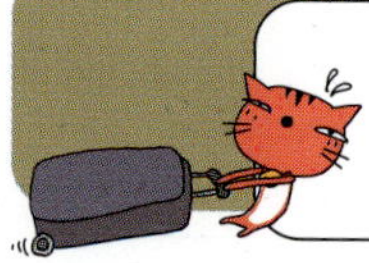

함께해요

1 여러분은 내유외강한 사람입니까? 외유내강한 사람입니까?

2 내유외강한 사람과 외유내강한 사람 중 어떤 사람이 좋습니까? 이유는 무엇입니까?

   1) 친구

   2) 남편(아내)

   3) 직장 상사

   4) 대통령

3 사랑하는 부모님께 편지를 써 봅시다.

한자어 공부

1 내(内)–안

- **실내(室内)** 방이나 건물의 안
  - –실내에서는 조용히 합시다.
  - –이 교실은 실내 온도가 너무 높은 것 같다.

- **내부(内部)** 안쪽의 부분
  - –이 건물은 내부 수리 중이다.
  - –문이 열려 있어서 방 내부가 모두 보인다.

- **내용(内容)** 말, 글, 그림 등을 통해 말하려고 하는 것
  - –영화의 내용은 어려웠지만 음악은 좋았어요.
  - –이 책은 너무 어려워서 무슨 내용인지 모르겠어요.

2 외(外)–밖

- **외국(外國)** 다른 나라
  - –대학을 졸업하면 외국 유학을 가고 싶다.
  - –이태원에 가면 외국 사람을 많이 만날 수 있다.

- **외출(外出)** 집이나 직장에서 잠시 밖으로 나감
  - –지금 아버지는 외출하고 안 계십니다.
  - –선생님을 뵈러 갔는데 외출 중이셨다.

- **외식(外食)** 밖에서 음식을 사 먹음
  - –아내의 생일이라서 영화도 보고 외식도 했다.
  - –특별한 날에는 멋있는 식당에서 외식을 하고 싶다.

39
애지중지(愛之重之)

대화

우리 가족은 소중하게 생각하는 것이 하나씩 있다.

할아버지는 도자기를 하나 가지고 있으시다. 그 도자기는 고려 시대에 만들어진 것인데 아주 귀중한 것이라고 들었다. 증조할아버지께 물려받은 것이기 때문에 그 도자기를 **애지중지**하며 다른 사람은 만지지도 못하게 하신다. 할아버지는 아침 일찍 일어나서 깨끗한 수건으로 도자기를 닦고 또 닦으신다. 그리고 미소를 지으면서 오랫동안 바라보신다. 그런 모습을 보면 도자기를 나보다 더 사랑하시는 것 같다.

아버지가 **애지중지**하는 것은 우리 집 귀염둥이 진돗개 '박사'이다. 박사는 지금 일곱 살인데 아주 똑똑해서 오랫동안 보지 못한 친척들이 와도 짖지 않는다. 또 아침에는 신문을 물고 와서 아버지께 드리고 퇴근하실 때 제일 먼저 달려나가 맞이하기 때문에 아버지는 박사를 자식처럼 귀여워 하신다.

내 취미는 모형 자동차를 조립하는 것이다. 그래서 지금 내 책상 위에는 23대의 자동차가 놓여 있다. 그 중에서도 가장 **애지중지**하는 것은 작년에 만든 빨간색 자동차인데 색깔도 모양도 정말 멋있다. 요즘도 돈만 있으면 모형 자동차를 산다. 조립하는 데 시간이 많이 걸리지만 만드는 동안 나는 참 행복하다.

그런데 어머니는 나의 취미생활을 이해하지 못하신다. 동생이 내가 만든 자동차를 갖고 싶다고 하면 자동차를 동생에게 주라고 하신다. 나는 너무 화가 나서 어머니도 **애지중지**하는 것이 있는지 물어 보았다. 어머니는 내가 묻자마자 대답하셨다.

"너하고 네 동생."

▶ **애지중지(愛之重之)**: 매우 사랑하고 소중히 여김.

– 모든 부모님은 자식을 **애지중지** 사랑한다.

– 어머니가 **애지중지**하던 비싼 그릇을 내가 깼다.

– 언니는 새로 산 구두를 **애지중지**하며 특별한 날에만 신는다.

연습해요

1 글의 내용과 맞는 것은 무엇입니까?

❶ 아버지는 나보다 박사를 더 사랑한다.
❷ 어머니가 애지중지하는 것은 나와 내 동생이다.
❸ 할아버지는 도자기가 비싸기 때문에 애지중지한다.
❹ 나는 자동차를 조립하는 데 시간이 걸려서 행복하다.

2 단어와 뜻을 맞게 연결하십시오.

1) 자식 •　　　　　　　　• 가. 아들과 딸

2) 도자기 •　　　　　　　　• 나. 할아버지의 아버지

3) 귀염둥이 •　　　　　　　• 다. 아주 사랑스러운 아이

4) 증조할아버지 •　　　　　• 라. 흙으로 만들어 불에 구운 그릇

3 ‘나’는 왜 화가 났습니까?

4 어머니가 애지중지하는 것이 “너하고 네 동생”이라고 대답했을 때 ‘나’는 어떤 마음이었겠습니까?

5 다음 중 ‘애지중지’의 예가 <u>아닌</u> 것은 무엇입니까?

❶ 동생은 내가 치던 피아노로 매일 연습을 한다.
❷ 어머니는 할머니가 주신 반지를 매일 보고 또 본다.
❸ 오빠는 지난여름에 산 MP3를 아무에게도 빌려 주지 않는다.
❹ 아버지는 내가 초등학교 때 그린 그림을 아직도 가지고 있다.

1 그림을 보고 '애지중지'를 사용해서 문장을 만드십시오.

2 친구나 가족들이 애지중지하는 것이 무엇인지 알아봅시다.

	애지중지하는 것	애지중지하는 이유
나		
아버지		
어머니		
친구		
친구		

쉬어가요

세계의 유명한 박물관과 미술관에서 애지중지하는 소장품입니다.

대영 박물관(영국)-로제타석

루브르 박물관(프랑스)-모나리자

바티칸 미술(바티칸)시국-최후의 심판

에르미타슈 미술관(러시아)-베누아의 성모

메트로폴리탄 미술관(미국)-붓꽃

이집트 박물관(이집트)-투탕카멘왕의 황금마스트

다다익선(多多益善)

다다익선

옛날 중국의 유방은 여러 나라를 통일해서 새로운 나라를 세우려고 했다. 전쟁에서 이기기 위해서 유방은 훌륭한 장군이 필요했다. 그때 한 신하가 한신을 데리고 와서 유방에게 말했다.

"만약 왕께서 여러 나라를 통일하려고 한다면 한신이 꼭 필요할 것입니다."

그래서 유방은 한신을 장군으로 임명했고 한신은 전쟁에서 큰 공을 세웠다. 한신 덕분에 유방은 여러 나라를 하나로 통일하게 되었다. 통일에 공이 많았던 한신은 많은 상을 받고 높은 지위에 올랐다.

나라는 안정되었지만 유방은 한신의 힘이 커지는 것이 두려웠다. 그래서 한신을 낮은 관리로 임명하고 성 밖으로 나가지 못하게 항상 감시했다.

그러던 어느 날 유방은 여러 장군들의 능력에 대해 한신과 이야기를 했다.

"나는 얼마나 많은 병사들을 지휘할 수 있겠는가?"

"왕께서는 10만 명쯤 지휘할 수 있습니다."

"그럼 그대는 몇 명이나 지휘할 수 있는가?"

"**다다익선**입니다. 저는 병사의 수가 많으면 많을수록 지휘를 잘할 수 있습니다."

이 말을 듣고 왕은 크게 웃으며 말했다.

"그렇다면 그대가 나보다 훌륭한 장군인데 왜 내 밑에 있는가?"

"왕께서는 병사의 장군이 아니라 장군의 장군이기 때문입니다."

왕의 질문에 한신은 재치있게 대답했다.

▶ **다다익선(多多益善)**: 많으면 많을수록 더욱 좋음.

　– **다다익선**이라고 용돈은 많이 받을수록 좋아요.

　– **다다익선**도 좋지만 손님이 너무 많아서 피곤해요.

　– **다다익선**이라고 올림픽 경기에서 금메달은 많으면 많을수록 좋다.

1 글의 내용과 맞는 것은 무엇입니까?

➊ 한신은 처음부터 유방의 신하였다.
➋ 유방은 전쟁에서 공을 세운 한신을 끝까지 믿었다.
➌ 한신을 데리고 온 신하는 한신의 능력을 잘 알고 있었다.
➍ 유방은 병사의 수가 많으면 많을수록 지휘를 잘할 수 있다.

2 글의 순서에 맞게 쓰십시오.

(   ) → (   ) → (   ) → (   ) → (   )

가. 한신은 유방의 신하가 되었다.
나. 유방은 한신의 힘을 두려워했다.
다. 한신은 낮은 관리로 임명되었다.
라. 한신은 유방을 도와 통일 국가를 만들었다.
마. 한신은 많은 상을 받고 높은 지위에 올랐다.

3 '다다익선'의 뜻을 글에서 찾아 쓰십시오.

4 다음 단어를 사용하여 문장을 완성해 보십시오.

보기

지휘하다   임명하다   감시하다

1) 대통령은 오늘 5명의 장관을 ___________ .

2) 경찰은 그 남자를 3일 동안 ___________ .

3) 오케스트라를 ___________ 사람은 모든 악기의 소리를 들을 수 있어야 한다.

함께해요

1 많아서 좋은 것도 있고, 많아서 나쁜 것도 있습니다. 이야기해 봅시다.

	다다익선입니까?	이유는 무엇입니까?
① 돈		
② 자녀		
③ 친구		
④ 일		

2 다음은 비디오 아티스트 백남준 씨의 대표작 '다다익선'입니다. 이 작품은 1003개의 TV 모니터로 이루어져 있으며 사람들의 살아가는 모습을 보여주고 있습니다. 여러분이 백남준이라면 '다다익선'이라는 작품의 TV 화면 속에 무엇을 넣고 싶습니까?

한자어 공부

1 선(善)–착함

- **선행(善行)** 착한 행동
  - -선행을 한 학생에게 상을 주었다.
  - -선행을 한 사람을 찾았지만 끝내 나타나지 않았다.

- **선의(善意)** 좋은 뜻
  - -사람들은 때때로 선의의 거짓말을 한다.
  - -선의로 한 말도 상대방의 마음을 아프게 할 수 있다.

- **선량(善良)** 행동이나 성격이 착함
  - -선량한 사람은 복을 받게 될 것이다.
  - -그의 선량한 얼굴을 보면 거짓말을 할 수가 없다.

2 악(惡)–나쁨

- **악역(惡役)** 연극, 영화 등에서 나쁜 사람의 배역
  - -배우는 악역을 맡는 것을 좋아하지 않는다.
  - -이 영화에서는 악역을 맡은 배우가 연기를 더 잘했다.

- **악당(惡黨)** 나쁜 짓을 하는 사람
  - -영화에서 악당은 대개 불행해지거나 죽는다.
  - -태어날 때부터 악당으로 태어나는 사람은 없다.

- **악몽(惡夢)** 무섭고 나쁜 꿈
  - -악몽을 자주 꾸기 때문에 잠자는 것이 무섭다.
  - -악몽을 꾸고 나면 하루 종일 기분이 좋지 않다.

41 이심전심(以心傳心)

이심전심

고구려 평원왕 때, 온달이라는 사람이 살았다. 온달은 착했지만 가난했다. 항상 낡은 옷을 입고 다니고 얼굴도 이상하게 생겨서 사람들은 그를 '바보 온달'이라고 불렀다.

평원왕에게는 평강이라는 딸이 있었다. 평강 공주는 울기 시작하면 쉽게 그치지 않았다. 그럴 때마다 왕은 자꾸 울면 바보 온달에게 시집보내겠다고 말했다.

공주가 16살이 되자 왕은 공주를 높은 관리의 아들과 결혼시키려고 했다. 그러나 공주는 "아버지는 제가 울 때마다 바보 온달에게 시집가라고 하셨습니다. 그래서 저는 다른 사람과 결혼할 수 없습니다."라고 말하고 궁궐을 나와 온달을 찾아갔다. 공주는 온달과 결혼하고 그에게 글과 무술을 가르쳤다. 온달은 밤낮으로 열심히 공부하고 무술을 배웠다.

고구려에서는 해마다 3월 3일이 되면 사냥 대회가 열렸다. 온달은 이 대회에서 1등을 했다. 사람들은 1등을 한 사람이 '바보 온달'인 것을 알고 모두 놀랐다. 왕은 기뻐하며 온달을 사위로 인정했다.

그 후 온달은 장군이 되어 고구려를 위해 용감하게 싸웠다. 온달은 많은 전쟁에서 이겼지만 아차산에서 신라군과 싸우다가 죽고 말았다. 온달이 죽은 후 사람들이 온달의 관을 옮기려고 했지만 관은 움직이지 않았다. 온달이 전쟁에서 이기지 않으면 고구려로 돌아가지 않겠다고 약속했기 때문이다.

그런데 공주가 슬퍼하며 관을 만지자 관이 움직였다. 죽어서도 약속을 지키려는 온달의 마음을 **이심전심**으로 평강 공주는 알고 있었다.

활용예문

▶ **이심전심(以心傳心)**: 마음과 마음으로 서로 뜻이 통함.
- 그 친구와는 말하지 않아도 **이심전심**으로 통한다.
- 함께 오래 산 부부는 **이심전심**으로 서로의 마음을 알 수 있다.
- **이심전심**으로 내 마음을 알아주는 사람을 만나기는 쉽지 않다.

연습해요

1 글의 내용과 맞으면 O, 틀리면 X 하십시오.

1) 장군이 된 온달은 공주와 결혼을 했다.　　　　　　　　　(　)
2) 온달은 3월 3일 사냥 대회에서 1등을 했다.　　　　　　　(　)
3) 왕은 공주가 울음을 그치지 않아서 온달과 결혼시켰다.　　(　)
4) 공주는 죽어서도 나라를 사랑하는 온달의 마음을 알고 있었다.　(　)

2 사람들은 온달을 왜 '바보 온달'이라고 불렀습니까?

3 사람들이 온달의 관을 옮기려고 했을 때 왜 움직이지 않았습니까?

4 여러분이 평강공주라면 바보 온달과 결혼하겠습니까?

5 다음 중 '이심전심'의 예가 <u>아닌</u> 것은 무엇입니까?

❶ 내가 갖고 싶었던 시계를 삼촌에게서 선물 받았다.
❷ 내가 가 보고 싶었던 로마에서 남자 친구를 만났다.
❸ 딸기가 먹고 싶었는데 아버지가 퇴근길에 딸기를 사 오셨다.
❹ 여자 친구가 너무 보고 싶었는데 그때 여자 친구에게서 전화가 왔다.

함께해요

1 여러분은 말하지 않아도 서로 마음이 잘 통하는 사람이 있습니까?

2 마음을 잘 표현하지 않는 친구가 있다면 여러분은 어떻게 친구의 마음을 알 수 있겠습니까?

3 그림 속의 사람은 무엇을 하고 있을까요? 여러분의 생각과 친구의 생각이 이심전심으로 통했습니까?

	무엇을 하고 있을까요?
	무슨 이야기를 하고 있을까요?
	왜 울고 있을까요?
	왜 땅을 파고 있을까요?

쉬어가요

한국의 역사

국가	건국 ~ 멸망	시조
고조선	BC 2333 ~ BC 108	단군
부여	BC 2C ~ 494	해모수
삼한	기원전 ~ 4C	
신라	BC 57 ~ 935	박혁거세
고구려	BC 37 ~ 668	주몽
백제	BC 18 ~ 660	온조
가야	기원전후 ~ 562	김수로
발해	669 ~ 926	대조영
후백제	892 ~ 936	견훤
후고구려	901 ~ 918	궁예
고려	918 ~ 1392	왕건
조선	1392 ~ 1910	이성계
대한민국	1948~현재	

42 속수무책(束手無策)

속 수 무 책

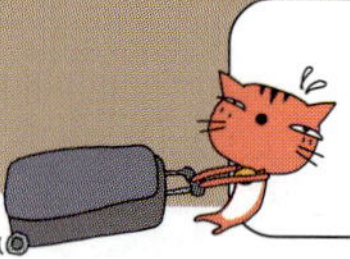

나그네가 산길을 걸어가는데 꿩의 울음소리가 들렸다. 주위를 둘러보니 무덤 옆에서 커다란 구렁이가 꿩을 잡아먹으려고 했다. 나그네는 활을 쏘아서 구렁이를 죽이고 꿩을 구해 주었다.

밤이 되어서 잠잘 곳을 찾던 나그네는 산 속에서 오래된 집을 발견했다. 그 집에는 젊은 여자가 혼자 살고 있었는데 나그네가 하룻밤 자고 갈 수 있는지 물었더니 그렇게 하라고 했다. 그 여자가 차려 준 저녁을 먹은 나그네는 곧 잠이 들었다.

잠을 자던 나그네는 기분이 이상해서 눈을 떴다. 자신의 몸을 감고 있는 커다란 구렁이와 눈이 마주친 나그네는 깜짝 놀라서 "왜 나를 죽이려고 합니까?"라고 소리쳤다. 그러자 구렁이는 "당신이 오늘 죽인 구렁이는 내 남편입니다. 당신이 내 남편을 죽였으니까 내가 당신을 죽이는 것이 당연하지 않습니까?"라고 대답했다. 나그네는 꿩을 살리기 위해 구렁이를 죽인 자신의 행동을 후회하면서 살려 달라고 했다. 그러자 구렁이는 산꼭대기에 있는 종을 세 번만 치면 살려주겠다고 했다. 하지만 깊은 산 속이라서 나그네를 도와줄 사람은 없었다. 온 몸이 구렁이에게 감긴 나그네는 **속수무책**으로 구렁이에게 잡아먹힐 수밖에 없었다.

그때 "땡! 땡! 땡!"하고 종이 세 번 울렸다. 종이 울리자 구렁이는 사라져 버렸다. 구사일생으로 살아난 나그네는 종이 있는 곳으로 가 보았다. 그 곳에는 꿩 세 마리가 죽어 있었다. 나그네가 살려준 꿩이 은혜를 갚기 위해 머리로 종을 치고 죽은 것이다.

그 후로 사람들은 이 산의 이름을 꿩이 은혜를 갚은 산이라고 해서 '치악산'으로 바꾸었다.

활용예문

▶ **속수무책(束手無策)**: 손이 묶인 것처럼 어떻게 할 방법이 없음.

 – 태풍이 불자 바다에 있던 작은 배는 **속수무책**이었다.

 – 일을 해야 하는데 컴퓨터가 고장 나서 **속수무책**입니다.

 – 공장에 불이 났지만 우리는 **속수무책**으로 바라볼 수밖에 없었다.

연습해요

1 글의 내용과 <u>다른</u> 것은 무엇입니까?

① 나그네는 꿩을 구해 주었다.
② 젊은 여자는 나그네에게 은혜를 갚았다.
③ 종이 세 번 울려서 나그네는 살 수 있었다.
④ 나그네는 이상한 기분이 들어서 잠이 깼다.

2 나그네에게 저녁을 차려준 젊은 여자는 누구입니까?

3 나그네는 어떻게 살 수 있었습니까?

4 다음 단어를 사용하여 문장을 완성해 보십시오.

보기		
울리다	마주치다	사라지다

1) 은행에 가다가 어릴 때 친구와 ____________.

2) 어젯밤에 UFO가 갑자기 나타났다가 ____________.

3) 12시가 되면 시계탑의 종이 ____________ 소리를 들을 수 있어요.

5 여러분이 나그네라면 구렁이가 꿩을 잡아먹으려는 것을 보고 어떻게 하겠습니까?

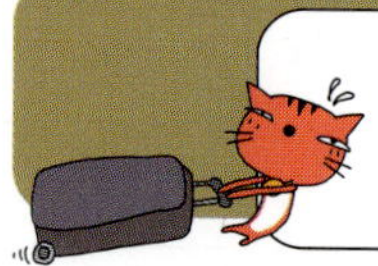

가로세로 낱말 잇기

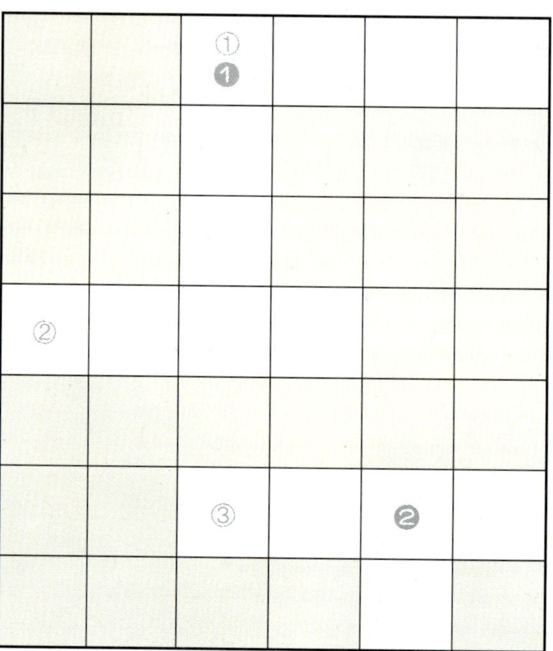

가로

① 많으면 많을수록 더욱 좋음

② 고생 끝에 즐거움이 옴

③ 손이 묶인 것처럼 어떻게 할 방법이 없음

세로

❶ 정이 많고 감정이 풍부함

❷ 죽은 사람을 땅에 묻어 놓은 곳

쉬어가요

이야기가 있는 한국의 산

마이산

옛날에 신선 부부가 살고 있었는데 하늘로 올라갈 때가 되었다. 남편은 자신들이 하늘로 올라가는 모습을 사람들이 보면 안 되니까 밤에 떠나자고 했다. 하지만 아내는 밤에 떠나는 것이 무서우니까 새벽에 떠나자고 했다. 다음날 새벽, 두 사람이 하늘로 올라  가고 있을 때 한 여자가 그 모습을 보고 말았다. 부부는 하늘로 올라가지 못하고 그 자리에서 산이 되어 버렸다.

지리산 벽소령

옛날 지리산에 인걸이라는 남자가 살았다. 어느 날 선녀들이 목욕하고 있을 때 인걸은 아미 선녀의 옷을 훔쳤다. 그래서 아미 선녀는 하늘로 가지 못하고 인걸과 살았다. 몇 년 후 인걸이 아미에게 선녀옷을 주었고 아미는 그 옷을 입고 하늘로 날아가 버  렸다. 인걸은 아이들과 함께 아미가 돌아오기를 기다리다 죽고 말았다. 다음 날 그 자리에 바위가 솟아올랐다.

설악산 울산 바위

산신령님이 큰 바위 만 이천 개를 모아 금강산을 만들겠다고 했다. 전국의 바위들은 이 소식을 듣고 금강산으로 모였다. 울산 바위도 부지런히 갔는데 몸이 너무 커서 빨리 갈 수가 없었다. 금강산에 도  착했을 때 벌써 만 이천 개의 봉우리가 다 만들어져 있었다. 울산 바위는 다시 울산으로 돌아갈 수밖에 없었다. 그런데 너무 힘들어서 울산까지 가지 못하고 설악산에 머무르게 되었다.

43 새옹지마(塞翁之馬)

새옹지마

옛날 어느 나라의 국경 근처에 미래를 볼 줄 아는 현명한 노인이 살고 있었다. 어느 날 노인이 기르던 말이 국경 밖으로 달아나 버렸다. 마을 사람들이 노인을 위로하자 노인은 "이것이 오히려 좋은 일이 될지 누가 알겠습니까?"라고 말하며 슬퍼하지 않았다.

몇 달 후 달아났던 말이 다른 말 한 마리와 같이 돌아왔다. 마을 사람들은 축하하며 노인의 현명함을 칭찬했다. 그런데 노인은 "이것이 오히려 나쁜 일이 될지 누가 알겠습니까?"라고 말하며 기뻐하지 않았다.

말 타기를 좋아하던 노인의 아들이 그 말을 타고 달리다가 말에서 떨어져서 다리가 부러졌다. 노인의 아들이 다쳤다는 소식을 듣고 마을 사람들이 노인을 위로했다. 그런데 이번에도 노인은 "이것이 오히려 좋은 일이 될지 누가 알겠습니까?"라고 말하며 슬퍼하지 않았다.

1년이 지난 후 전쟁이 일어났다. 마을 사람들 중에서 몸이 건강한 청년들은 모두 전쟁터로 갔지만 다리를 다쳐서 걸을 수 없었던 노인의 아들은 전쟁터에 가지 않았다. 결국 전쟁터에 간 사람들은 대부분 죽었다. 그러나 노인의 아들은 죽음을 피할 수 있었다.

새옹지마는 세상의 모든 일이 노인의 말 이야기와 같다는 뜻으로 인생에서 일어나는 모든 일은 항상 변화가 많아서 좋고 나쁨을 미리 알기가 어렵다는 뜻이다. 언제 좋은 일이 나쁜 일로 바뀌고 나쁜 일이 좋은 일로 바뀔지 모르는 것이 바로 인생이다.

활용예문

▶ **새옹지마**(塞翁之馬): 인생은 변화가 많아서 미리 알기가 어려움.
- 나는 실패한 친구를 위로할 때 **새옹지마**라는 말을 많이 사용한다.
- 취직 시험에 떨어진 친구에게 인생은 **새옹지마**라며 위로해 주었다.
- **새옹지마**라고 지금은 힘들지만 나에게도 언젠가는 좋은 일이 생기겠지.

연습해요

1 글의 내용과 <u>다른</u> 것은 무엇입니까?

① 노인은 전쟁이 일어나도 기뻐하지 않았다.
② 노인은 기르던 말이 달아나도 슬퍼하지 않았다.
③ 노인은 아들이 말에서 떨어져 다리를 다쳐도 슬퍼하지 않았다.
④ 노인은 달아난 말이 다른 말과 같이 돌아와도 기뻐하지 않았다.

2 노인은 슬픈 일이나 기쁜 일이 있을 때 쉽게 슬퍼하거나 기뻐하지 않습니다. 그 이유는 무엇입니까?

① 원래 웃는 것을 좋아하지 않는 사람이어서
② 마을 사람들의 위로와 칭찬이 도움이 되어서
③ 미래를 볼 수 있는 현명한 사람이었기 때문에
④ 아들이 말에서 떨어질 것을 미리 알고 있었기 때문에

3 다음 단어를 사용하여 문장을 완성해 보십시오.

> **보기**
>
> 현명하다   위로하다   피하다

1) 오토바이를 ________ 넘어져서 팔을 다쳤어요.
2) 남편은 내가 슬퍼할 때마다 나를 ________.
3) 그 남자는 외모도 멋지고 생각도 ________.

4 다음 중 '새옹지마'를 사용할 수 <u>없는</u> 경우를 고르십시오.

① 시험에 떨어진 사람을 위로할 때
② 음식이 맵다고 우는 아이를 위로할 때
③ 다쳐서 경기에 나가지 못하는 선수를 위로할 때
④ 직장을 잃고 돈도 없어 생활이 어려운 사람을 위로할 때

1 자신에게는 항상 좋은 일만 일어난다고 생각하는 사람이 있고, 반대로 항상 나쁜 일만 일어난다고 생각하는 사람이 있습니다. 여러분은 어떻게 생각합니까?

2 인생이 새옹지마라고 느낀 적이 있습니까?

3 어려운 일을 당한 사람을 위로하고 그 사람을 도와줄 좋은 방법을 이야기해 봅시다.

걱정	위로하는 말
	인생은 새옹지마라고
	인생은 새옹지마라고
	인생은 새옹지마라고

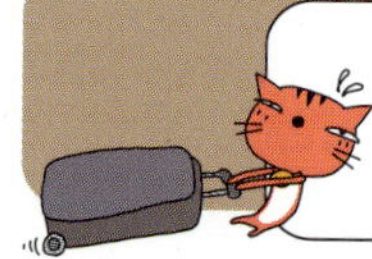

쉬어가요

새옹지마 이야기

1) 나쁜 일 → 좋은 일 (=전화위복 轉禍爲福)

훌리오 이글레시아스(Julio Iglesias)는 어려서부터 축구선수가 되는 것이 꿈이었다. 그는 꿈을 이루기 위해 열심히 노력해서 20살에 레알 마드리드주니어(Real Madrid Junior) 팀의 골키퍼가 되었다. 그러나 22살에 교통사고로 다리를 다쳐서 더 이상 축구선수로 뛸 수 없게 되었다. 20개월 동안 병원에 입원해 있던 그는 병원에서 기타를 치게 되었고 결국 세계적인 가수가 되었다. 어릴 때의 꿈을 이룰 수는 없었지만 교통사고가 오히려 그에게 좋은 기회를 만들어 주었다.

2) 좋은 일 → 나쁜 일 (=호사다마 好事多魔)

654억 원의 복권에 당첨된 어느 부부는 돈을 받자마자 곧바로 이혼했다. 남편은 3년 후 45세의 나이로 죽었고, 그로부터 2년 후 아내도 자신이 살던 멋진 집에서 죽은 지 며칠이 지나서 발견되었다.

사람들은 복권에 당첨되면 모두 행복해질 거라고 생각한다. 그러나 이 부부의 이야기는 돈을 많이 가지고 있다고 해서 반드시 행복한 것은 아니라는 것을 말해 준다.

44 주객전도(主客顛倒)

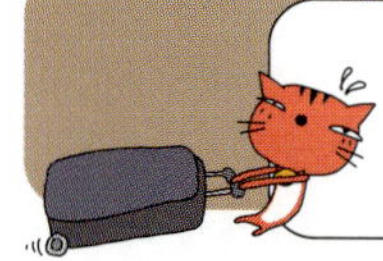

주객전도

오늘 아침에 신문에서 '**주객전도**'라는 제목의 글을 보고 몇 년 전에 있었던 일이 생각났다. 그때 나는 회사 가까이에 있는 작은 아파트에서 혼자 살고 있었다. 넓지는 않았지만 조용한 내 집에서 누구의 간섭도 받지 않고 행복하게 살았다.

그런데 나보다 1년 늦게 회사에 들어온 대학 친구가 집을 구하지 못해 몇 달 동안 내 집에서 같이 살게 되었다. 그 친구와는 같은 학교에 다녔지만 별로 친하지 않아서 그에 대해 자세히 알지는 못했다.

친구가 이사 온 다음 날, 나는 친구 덕분에 그 집에서 처음으로 따뜻한 아침밥을 먹고 행복한 마음으로 출근했다. 친구는 부지런하고 성격도 좋고, 회사일과 집안일 무엇이든지 못하는 일이 없었다. 만능 재주꾼인 친구와 함께 살게 되면서 하루하루가 즐거웠다.

그러던 어느 날, 현관에서 신발을 벗어 놓을 곳을 찾지 못하게 되면서부터 집 전체가 조금씩 복잡해지는 것을 느끼게 되었다. 현관에는 농구공, 축구공, 운동화들, 방에는 침대, 옷장, 부엌에는 처음 보는 냄비, 그릇…….

그러나 이것은 시작일 뿐이었다. 내 집에서의 편안한 휴식을 기대하면서 출장에서 돌아온 날이었다. 엘리베이터에서 내리자마자 요란한 음악소리가 들려왔고 현관문을 열고 들어서는 순간 나는 내 눈을 믿을 수 없었다. 하나밖에 없는 창문 앞에 시커먼 러닝머신이 괴물처럼 서서 햇빛을 가리고 있었다. 친구는 그 위에서 땀을 흘리며 음악에 취해 뛰고 있었다.

활용예문

▶ **주객전도(主客顚倒)**: 주인과 손님의 위치가 서로 뒤바뀜.
 - 운동을 너무 많이 해서 건강이 더 나빠졌다면 **주객전도**된 것이다.
 - 학생이 공부보다 아르바이트를 더 열심히 한다면 **주객전도**된 것이다.
 - 결혼식에서 손님이 신부보다 더 예쁜 옷을 입어 **주객전도**가 되면 안 된다.

연습해요

1 글에 나오는 '만능 재주꾼'과 같은 뜻의 한자성어는 무엇입니까?

❶ 조강지처 ❷ 현모양처 ❸ 팔방미인 ❹ 죽마고우

2 글의 내용과 <u>다른</u> 것은 무엇입니까?

❶ 나는 집에서나 밖에서나 운동하는 것을 아주 좋아한다.
❷ 만능 재주꾼인 친구와 같이 살아서 처음에는 행복했다.
❸ 같은 집에서 살기 전까지 나는 친구의 성격을 잘 몰랐다.
❹ 집 주인인 내 허락도 없이 친구는 많은 물건들을 가져왔다.

3 시간의 순서에 맞게 쓰십시오.

(　　) → (　　) → (　　) → (　　) → (　　)

> 가. 나는 출장을 갔다 돌아왔다.
> 나. 친구와 같이 아파트에서 살게 되었다.
> 다. 현관에 신을 벗어 놓을 곳이 없게 되었다.
> 라. 신문에서 주객전도라는 제목의 글을 읽었다.
> 마. 친구가 러닝머신을 사서 운동을 하고 있었다.

4 출장에서 돌아온 '나'는 친구가 러닝머신을 새로 사서 그 위에서 운동하고 있는 것을 보게 됩니다. 이 때 '나'의 기분은 어떠했겠습니까?

5 다음 중 '주객전도'의 예가 <u>아닌</u> 것은 무엇입니까?

❶ 공부를 하기 위한 모임이었는데 지금은 얘기하는 시간이 더 많다.
❷ 친구 집들이에 초대받아 갔다가 내가 요리와 설거지를 모두 했다.
❸ 이 영화는 주인공보다 악역을 맡은 배우가 더 많은 인기를 얻었다.
❹ 재미있는 모임이라는 소문이 나서 회원이 작년보다 2배나 많아졌다.

함께해요

1 다음 그림을 보고 '주객전도'를 사용하여 문장을 만들어 보십시오.

- 꽃과 포장지

- 신부와 손님

- 모델과 상품

2 서로 다른 두 개의 장점이 만나 새로운 하나를 만드는 퓨전(Fusion) 문화는 음식, 음악, 패션뿐 아니라 과학에까지 퍼져 있습니다. 이렇게 동양과 서양, 전통과 현대가 만나 조화를 이루며 새로운 것을 만들어 낼 때 주와 객은 더 좋은 하나가 됩니다.

음식	케이크+아이스크림	→	아이스크림케이크
	피자+불고기 토핑	→	불고기 피자
음악	재즈+록	→	퓨전재즈
	팝음악+오케스트라 연주	→	팝스오케스트라
TV 프로그램	드라마+코미디	→	시트콤
과학	전화기+MP3+카메라+게임기	→	휴대 전화
	자동차+통신	→	내비게이션

여러분은 어떤 퓨전 문화를 알고 있습니까? 어떤 퓨전 문화를 만들고 싶습니까?

한자어 공부

1 주(主)-주인

- **주인공(主人公)** 연극, 영화, 소설 등에서 중심이 되는 사람
  - -이 영화의 주인공은 잘 알려지지 않은 사람이다.
  - -그는 소설을 읽으면서 자신을 소설 속 주인공으로 생각했다.

- **주제(主題)** 예술 작품에서 작가가 말하려고 하는 기본적인 생각
  - -요즘 만들어지는 영화의 주제는 아주 다양하다.
  - -나는 자연의 아름다움을 주제로 한 사진을 좋아한다.

- **주관(主觀)** 자기만의 의견이나 생각
  - -주관이 없는 사람은 남의 말에 쉽게 마음이 움직인다.
  - -그는 주관이 너무 강해서 때때로 친구와 다툴 때도 있다.

2 객(客)-손님

- **승객(乘客)** 차, 배, 비행기 등에 타는 손님
  - -올해는 작년보다 지하철 승객이 2배나 많아졌다.
  - -12시간 동안 비행기를 타고 온 승객들은 너무 피곤했다.

- **고객(顧客)** 가게에 물건을 사러 오는 손님
  - -은행에서는 연말에 고객들에게 새해 달력을 주었다.
  - -고객이 무엇을 원하는지 알기 위해 항상 노력해야 한다.

- **객실(客室)** 호텔, 배 등에서 손님이 머무는 방
  - -어젯밤 호텔 3층의 한 객실에서 불이 났다.
  - -객실 수로 호텔 서비스의 질을 알 수는 없다.

45 십중팔구(十中八九)

십중팔구

　사람들은 어떤 사람이 상대방의 눈을 피하거나 눈을 깜박이면 거짓말을 하고 있다고 의심한다. 또 귀나 코를 만지거나 손발을 많이 움직일 때도 그렇게 생각한다. 그런데 이 중에서 두세 가지 행동을 자주 한다면 **십중팔구** 거짓말을 하고 있다고 믿게 된다.

　그러나 연구 결과는 달랐다. 거짓말을 한 사람들과 참말을 한 사람들을 비교했을 때, 위와 같은 행동을 하는 횟수에는 큰 차이가 없었다. 오히려 예상과는 달리 상대방의 눈을 똑바로 보면서 거짓말을 할 때가 많았다. 그리고 경찰서에서 조사를 받는 사람의 행동을 보더라도 거짓말을 하는 사람이 오히려 몸을 덜 움직이고, 말을 할 때 실수가 적은 것으로 나타났다.

　또 다른 연구에 의하면 상대방이 거짓말을 하는지 안 하는지를 경찰관은 65%~70% 정도 알 수 있다고 한다. 하지만 훈련을 받지 않은 사람들은 55%정도 구별한다고 한다. 이 결과는 보통 사람들뿐 아니라 경찰관도 상대방의 거짓말과 참말을 구별하는 것이 쉽지 않다는 것을 보여준다.

　이런 이유로 경찰관은 조사를 받고 있는 사람이 거짓말을 하고 있는지를 알기 위해 거짓말탐지기를 사용하기도 한다. 그러나 거짓말 탐지기도 거짓말과 참말을 완벽하게 구별하지는 못한다. 왜냐하면 참말을 하더라도 거짓말을 할 때처럼 맥박과 혈압이 변화할 수 있기 때문이다. 그러므로 상대방이 거짓말을 하고 있다고 의심되더라도 한 번 더 조사하고 생각해 보는 현명함이 필요하다.

활용예문

▶ **십중팔구(十中八九)**: 열 가운데 여덟이나 아홉 정도로 거의 틀림없음.

- 연습을 하지 않고 경기를 하면 **십중팔구** 진다.
- 지각한 것을 보니 **십중팔구** 늦잠을 잤을 것이다.
- 병원에 5분만 늦게 갔더라면 그 사람은 **십중팔구** 죽었을 것이다.

연습해요

1 다음 중 '십중팔구'와 바꿔 쓸 수 있는 말은 무엇입니까?

❶ 우연히　　　　❷ 틀림없이　　　　❸ 전혀　　　　❹ 혹시

2 글의 내용과 맞으면 O, 틀리면 X 하십시오.

1) 거짓말 탐지기는 참말과 거짓말을 100% 구별할 수 있다.　　　　（　　）
2) 경찰관은 다른 사람들보다 참말과 거짓말을 잘 구별한다.　　　　（　　）
3) 상대방의 눈을 똑바로 보면서 거짓말을 하는 사람도 있다.　　　　（　　）
4) 행동을 보면 거짓말을 하는지 안 하는지 확실히 알 수 있다.　　　　（　　）
5) 경찰조사에서 거짓말을 하는 사람이 오히려 말실수가 적었다.　　　　（　　）

3 빈칸에 들어갈 말로 알맞지 <u>않은</u> 것은 무엇입니까?

> 이번 콘서트가 성공할 거라고 _______ 사람은 많지 않다.

❶ 생각하는　　　　❷ 예상하는　　　　❸ 믿는　　　　❹ 조사하는

4 거짓말 탐지기가 거짓말과 참말을 완벽하게 구별하지 못하는 이유는 무엇입니까?

5 다음 중 '십중팔구'가 <u>잘못</u> 사용된 것은 무엇입니까?

❶ 하늘을 보니까 십중팔구 눈이 올 것 같아요.
❷ 옷차림을 보니까 십중팔구 부자일 것 같아요.
❸ 저는 이 도시의 길을 잘 몰라서 십중팔구 지도를 봐야 해요.
❹ 두 사람의 말이 다른 걸 보니까 십중팔구 한 사람은 거짓말을 하고 있어요.

1 십중팔구 틀림없다고 생각했던 일이 여러분의 예상과 달랐던 적이 있습니까?

2 여러분은 상대방이 거짓말을 하는지 안 하는지 알 수 있는 특별한 방법이 있습니까?

3 여러분의 생각은 어떻습니까? 다음 질문에 '네', '아니요'로 대답하고 친구와 비교해 보십시오.

	네	아니요	이유
1. 외국어를 배우는 것은 십중팔구 재미있다.			
2. 소문은 십중팔구 사실과 다르다.			
3. 결혼한 부부는 십중팔구 서로 사랑한다.			
4. 아이가 있으면 십중팔구 행복하다.			
5. 제3차 세계대전은 십중팔구 일어난다.			
6. 우주에는 십중팔구 외계인이 있다.			
7. 대통령은 십중팔구 훌륭한 사람이다.			
8. 돈이 많으면 십중팔구 행복하다.			
9. 선생님은 십중팔구 지식이 풍부하다.			
10. 정치인의 말은 십중팔구 거짓말이다.			

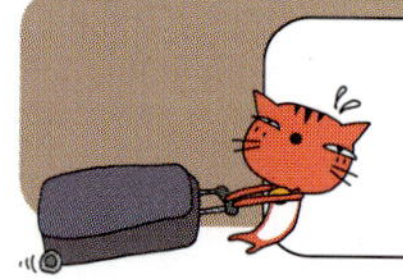

쉬어가요

앞으로 우리에게 어떤 일들이 일어나겠습니까? 십중팔구 그럴 거라고 생각합니까?

언어 자동 번역기

시간 여행

우주 여행 시대

평균 수명 120살 시대

폴더형 자동차

지능 로봇

46
불가사의(不可思議)

불가사의

이 세상에는 사람의 생각으로는 설명할 수 없는 신비한 것들이 많습니다. 여러분은 인간이 만든 건축물 중에서 가장 신비한 7개를 말하라고 하면 무엇이 생각납니까?

옛날부터 '7대 **불가사의**'라는 말은 있었지만 사람마다 생각하는 것이 조금씩 달랐습니다. 그래서 스위스에 있는 '새로운 세계 7대 **불가사의**재단'에서는 '세계 7대 **불가사의**'를 다시 선정하는 일을 시작했습니다.

먼저 여러 나라에 있는 유명하고 신비한 건축물 100개 중에서 21개를 선정했습니다. 그 중에는 여러분도 잘 알고 있는 인도의 타지마할, 영국의 스톤헨지, 중국의 만리장성, 스페인의 알람브라 궁전, 캄보디아의 앙코르와트, 이탈리아의 콜로세움 등이 있습니다. 그리고 현대에 만들어진 미국의 자유의 여신상, 프랑스의 에펠탑, 호주의 오페라 하우스도 있습니다.

재단은 1년 동안 전화와 인터넷을 이용하여 세계 여러 나라 사람들의 의견을 물어 봤습니다. 사람들은 자기 나라의 건축물이 뽑히길 바랐습니다. 그래서 많은 사람들이 이 조사에 참여했습니다.

재단은 2007년 7월 7일 오전 7시 7분 7초에 새로운 세계 7대 **불가사의**를 발표했습니다. 새로운 세계 7대 **불가사의**로는 멕시코의 치첸이트사, 브라질의 예수상, 요르단의 페트라, 이탈리아의 콜로세움, 인도의 타지마할, 중국의 만리장성, 페루의 마추픽추가 선정되었습니다.

▶ **불가사의**(不可思議): 사람의 생각으로는 설명할 수 없는 신비한 것.
- 이 세상에는 우리가 설명할 수 없는 **불가사의**한 일이 많습니다.
- 공부는 안 하는데 시험만 보면 항상 1등을 하다니 **불가사의**해요.
- 누가 피라미드를 만들었을까요? 어떻게 만들었는지 **불가사의**합니다.

연습해요

1 글의 내용과 맞는 것은 무엇입니까?

① 7대 불가사의는 유명하고 신비한 건축물 중에서 뽑았다.
② 옛날부터 모든 사람들이 생각하는 7대 불가사의는 같았다.
③ 21개의 건축물 중에는 타지마할과 같은 현대 건축물도 있다.
④ 재단은 스위스 사람들의 의견을 물어 7대 불가사의를 선정했다.

2 단어와 뜻을 맞게 연결하십시오.

1) 발표하다 •　　　　　　　　　• 가. 전과 다름

2) 뽑다　　•　　　　　　　　　• 나. 사람의 생각으로는 이해할 수 없음

3) 신비하다 •　　　　　　　　　• 다. 어떤 일을 세상에 알림

4) 새롭다　•　　　　　　　　　• 라. 여러 개 중에서 고름

3 '불가사의'의 뜻을 글에서 찾아 쓰십시오.

4 어떤 방법으로 '세계 7대 불가사의'를 뽑았습니까?

5 여러분 주위에 불가사의한 일이 있습니까?

함께해요

 가로세로 낱말 잇기

가로

① 마음과 마음으로 서로 뜻이 통함

② 어떤 일에 대하여 처음부터 가지고 있는 생각

③ 좋지 않은 일이 계속 일어남

세로

❶ 여러 사람의 말이 같음

❷ 선을 권하고 악을 나무람

❸ 사람의 생각으로는 설명할 수 없는 신비한 것

쉬어가요

세계의 7대 불가사의

멕시코의 치첸이트사

브라질의 예수상

요르단의 페트라

이탈리아의 콜로세움

인도의 타지마할

중국의 만리장성

페루의 마추픽추

47 자업자득(自業自得)

자업자득

"겨울 날씨가 왜 이렇게 따뜻하지? 내가 어렸을 때는 아주 추웠었는데." 아버지께서 신문을 보면서 말씀하셨다. 생각해 보니까 정말 이상하다. 지난 여름은 최근 몇 년 동안 볼 수 없었던 아주 더운 날씨가 9월까지 계속되었다. 그리고 지금은 겨울인데도 춥지 않다.

이러한 이상기후는 한국만이 아니라 세계 여러 나라에서 나타나고 있다. 이번 여름 중국에서는 비가 너무 많이 내렸고, 스페인에서는 비가 내리지 않아서 마실 물도 없었다. 서남아시아에서는 50℃가 넘는 더위가 한 달 동안 계속되었으며, 아르헨티나에서는 눈이 너무 많이 내려 피해가 컸다. 또 미국에서는 태풍 때문에 수천 명이 다치거나 죽었다.

이런 이상 기후는 지구온난화가 원인이다. 오늘날에는 석탄과 석유를 사용하는 공장과 자동차가 많아져서 이산화탄소와 프레온가스 등이 증가하고 있다. 이렇게 이산화탄소와 프레온가스가 증가하면 기온이 올라가서 지구온난화 현상이 나타나고, 그 결과 지구의 기후가 변하게 된다.

지난 100년 동안 지구의 온도는 0.3~0.6℃ 올랐지만, 2100년에는 지금보다 2~6℃ 더 올라갈 것이다. 미래에 사람들은 어떻게 살아갈까? 세계 모든 나라는 홍수와 가뭄 그리고 태풍 등의 이상 기후로 인한 식량 문제, 질병 문제 등으로 큰 피해를 입게 될 것이다. 결국 인간이 필요해서 만든 것들 때문에 인간이 죽게 되는 것이다. 지구온난화는 인간의 **자업자득**이다.

활용예문

▶ 자업자득(自業自得): 자기가 한 일의 결과를 자기가 받음.

– 잘못은 그 사람에게 있었으니까 **자업자득**이에요.

– 술을 너무 많이 마셔서 병이 생긴 것은 **자업자득**이다.

– 공부를 안 해서 시험을 잘 못 친 건 **자업자득**이라고 생각해요.

연습해요

1 글의 내용과 <u>다른</u> 것은 무엇입니까?

❶ 몇 년 전에는 겨울이 지금보다 춥지 않았다.
❷ 세계의 기후가 변하는 것은 지구온난화 때문이다.
❸ 석유를 사용하는 자동차는 이산화탄소를 증가시킨다.
❹ 지구의 기온은 20세기보다 21세기에 더 많이 올라갈 것이다.

2 지구온난화의 원인이 <u>아닌</u> 것을 고르십시오.

❶ 비와 눈이 많이 옴
❷ 공장과 자동차가 많아짐
❸ 석탄과 석유의 사용이 증가함
❹ 이산화탄소와 프레온가스가 증가함

3 단어와 뜻을 맞게 연결하십시오.

1) 태풍 •　　　　• 가. 오랫동안 계속 비가 오지 않음

2) 가뭄 •　　　　• 나. 온도와 습도가 매우 높아 아주 더움

3) 홍수 •　　　　• 다. 비가 많이 오고 바람도 아주 세게 붐

4) 무더위 •　　　• 라. 비가 너무 많이 와서 댐이나 강물이 넘침

4 지구온난화는 인간의 자업자득이라고 했습니다. 그 이유는 무엇입니까?

함께해요

1 여러분은 어떤 일을 하고 난 뒤 그 일이 자업자득이었다는 사실을 알게 된 적이 있습니까?

2 여러분 주위에서 지구온난화의 원인을 더 찾아봅시다.

3 지구온난화를 막을 수 있는 방법을 알고 있습니까? 함께 이야기해 봅시다.

	전기나 물로 가는 자동차를 만듭니다.

 **한자어 공부**

1 득(得)-얻음

• **소득(所得)**　　일한 결과로 얻은 이익
　　　　　　　　　-소득의 50%를 저금하고 있어요.
　　　　　　　　　-소득이 많은 사람은 세금을 많이 냅니다.

• **이득(利得)**　　이익을 얻음
　　　　　　　　　-이득이 되는 일인지 다시 한번 생각해 보세요.
　　　　　　　　　-친구 사이에 자기 이득만을 생각하면 안 돼요.

• **설득(說得)**　　상대방이 생각을 바꾸도록 이야기함
　　　　　　　　　-거짓말을 하면 상대방을 설득할 수 없다.
　　　　　　　　　-같이 가자고 설득했지만 내 말을 듣지 않았다.

2 실(失)-잃음

• **실수(失手)**　　조심하지 않아서 잘못함
　　　　　　　　　-중요한 시험이니까 실수하지 마세요.
　　　　　　　　　-할아버지가 아끼는 도자기를 실수로 깼다.

• **실업자(失業者)**　직업이 없는 사람
　　　　　　　　　-요즘은 젊은 실업자가 너무 많다.
　　　　　　　　　-실업자가 된 삼촌은 새 직장을 찾고 있어요.

• **실패(失敗)**　　일을 잘못해서 뜻대로 되지 않음
　　　　　　　　　-실패는 성공의 어머니입니다.
　　　　　　　　　-실패를 하더라도 쉽게 포기하지 마세요.

48 일장일단(一長一短)

일장일단

　1990년대 컴퓨터의 초고속 통신망이 보급되면서 인터넷이 발달하고 사용이 증가하게 되었다. 인터넷이 많이 사용되지 않았을 때에는 필요한 정보가 있으면 책에서 찾아야 했다. 하지만 지금은 도서관에 가지 않고 방 안에 앉아서 필요한 정보를 쉽게 얻을 수 있다.

　인터넷 채팅으로 세계 여러 나라에 있는 사람들과 대화를 할 수 있고, 편지 대신 이메일을 통해 빠르게 소식을 주고받을 수 있다. 옛날에는 마음에 드는 물건을 찾기 위해 하루 종일 돌아다녀야 했지만 이제는 인터넷을 이용해서 몇 분 만에 자신이 원하는 물건을 살 수 있게 되었다. 또 영화표나 기차표도 영화관이나 역에 직접 가지 않고 몇 번의 클릭으로 살 수 있다.

　하지만 어느 것이나 일장일단이 있듯이 인터넷이 좋은 점만 있는 것은 아니다. 쉽게 많은 정보를 얻을 수 있지만 그것이 정확한 정보인지 아닌지 알기 어렵다. 나쁜 정보들이 쉽게 퍼져 범죄에 이용되기도 하고, 개인의 사생활이 침해받기도 한다. 또한 학생들이 밤늦도록 인터넷 게임을 하거나 성인 사이트에 접속해 심각한 사회 문제가 되고 있다.

　21세기는 통신 기술이 발달하여 사람들은 언제 어디서나 자신이 원하는 정보를 얻을 수 있다. 하지만 정보는 어떻게 사용하느냐에 따라 약이 되기도 하지만 때로는 독이 되기도 한다. 어떤 정보를 어떻게 이용하느냐는 정보화 시대를 살아가는 우리 모두의 숙제이다.

활용예문

▶ 일장일단(一長一短): 장점과 단점이 함께 있음.

- 사람은 누구에게나 **일장일단**이 있다.
- 어린 나이에 외국어를 배우는 것은 **일장일단**이 있다.
- 누구에게나 **일장일단**이 있다고 단점이 많은 피터에게도 장점이 있을 거야.

연습해요

1 글의 내용과 맞는 것은 무엇입니까?

① 21세기에 초고속 통신망이 보급되었다.
② 청소년들이 인터넷을 하는 것은 심각한 사회적인 문제다.
③ 인터넷의 보급으로 집안에서 자신이 원하는 물건을 살 수 있다.
④ 우리는 세계 여러 나라의 사람들을 직접 만나서 정보를 얻는다.

2 다음 중 인터넷의 단점이 <u>아닌</u> 것은 무엇입니까?

① 개인의 사생활이 침해받을 수 있다.
② 나쁜 정보들이 범죄에 이용될 수 있다.
③ 게임에 빠져 밤늦도록 인터넷 게임을 한다.
④ 세계에서 일어나는 일을 내 방에서 알 수 있다.

3 글의 제목으로 가장 알맞은 것은 무엇입니까?

① 인터넷의 장단점
② 인터넷 사용 증가
③ 인터넷 게임의 문제점
④ 인터넷으로 인한 사회적인 문제

4 '일장일단'의 예가 <u>아닌</u> 것은 무엇입니까?

① 비행기는 빠르지만 이용요금이 비싸다.
② 걸어서 출퇴근하는 것은 건강에 좋지만 힘들다.
③ 자동차는 편리하지만 사고로 죽는 사람도 있다.
④ 디지털 카메라는 필름이 필요없지만 사진을 빨리 볼 수 있다.

1 오늘날 인터넷은 우리 생활에 꼭 필요한 것 중의 하나입니다. 여러분이 생각하는 인터넷의 장점과 단점을 이야기해 봅시다.

1) 장점
   ❶
   ❷
   ❸

2) 단점
   ❶
   ❷
   ❸

2 컴퓨터는 앞으로 더욱 발달하게 될 것입니다. 10년 후 우리 생활은 어떻게 변하겠습니까?

3 모든 일에는 일장일단이 있습니다. 여러분의 생각은 어떻습니까?

		일장일단
인터넷 쇼핑	장점	
	단점	
즉석식품 (instant food)	장점	
	단점	
성형수술	장점	
	단점	
결혼	장점	
	단점	

채팅할 때 쓰는 재미있는 말을 배워 봅시다.

채팅어	
안냐세여?	안녕하세요?
방가	반가워요.
추카추카	축하해요.
즐겜	즐겁게 게임하세요.
즐팅	즐겁게 채팅하세요.
쌤	선생님
셤	시험
여친, 남친	여자 친구, 남자 친구
ㅋㄷㅋㄷ	키득키득(웃음소리)
ㅎㅎㅎ	하하하(웃음소리)
조타	좋아요.
시러	싫어요.
(_ _)　m(_ _)m	인사하는 모습
^.~	윙크
@.@	어지러움
:-O　#.#	놀란 모습
=.=	졸림
*^^*　^_^　:-)　^.^	웃는 얼굴
ㅜ_ㅜ　ㅠ.ㅠ	우는 얼굴
:-(　:<　:(	기분이 좋지 않음
>:-(	화가 난 모습
20000	이만 안녕.
7942	우리는 친구 사이

49 동병상련(同病相憐)

동병상련

　세상에는 여러 가지 이유로 힘들게 살아가는 사람들이 많다. 그런데 같은 문제를 가지고 있는 사람들은 **동병상련**의 마음이 생겨서 더 잘 이해하고 도와줄 수 있다. 이런 이유로 여러 모임이 생기게 되었는데 알코올 중독, 마약, 암, 이혼 등으로 고통 받는 사람들뿐 아니라 그 가족들을 위한 가족모임도 있다.

　알코올 중독자들을 위한 '단주모임'은 아주 심한 알코올 중독자였던 두 명의 미국인에 의해 1935년에 만들어졌다. 두 사람은 자신의 고통을 이야기하고 서로 격려함으로써 완전히 회복될 수 있게 되었다.

　두 사람은 중독을 경험하지 못한 사람보다 경험한 사람의 조언이 중독자에게 더 큰 도움이 된다고 생각했다. 중독자는 다른 중독자를 도움으로써 결국 자신도 돕게 되는 것이다. 그 후 이 모임은 전 세계에 알려졌으며, 지금은 수백만 명의 알코올 중독자들이 참여하고 있다.

　암또한 혼자서는 이겨 내기 힘든 병이다. 암 환자 중에는 병에 대한 두려움 때문에 고통 받는 사람이 많다고 한다. 그래서 가족이나 다른 암 환자의 도움이 반드시 필요하다. 암 환자 모임에서는 치료에 대한 정보를 나누고 환자 자신들이 겪고 있는 고통에 대해 이야기한다. 이를 통해 환자들은 살아야겠다는 의지를 갖게 된다.

활용예문

▶ **동병상련(同病相憐)**: 같은 병을 가진 사람끼리 서로 가엾게 여김.
　– **동병상련**이라고 이별의 고통은 겪어 본 사람만이 안다.
　– **동병상련**이라고 아픈 사람은 아픈 사람의 마음을 잘 알아요.
　– 나처럼 힘들게 사는 사람을 보면 **동병상련**의 마음을 가지게 돼요.

연습해요

1 글의 내용과 <u>다른</u> 것은 무엇입니까?

❶ 마약 중독자의 가족들이 참석하는 모임이 있다.
❷ 암 환자에게는 가족의 도움이 반드시 필요하다.
❸ 암 환자 모임에 참석하면 반드시 암을 이겨낼 수 있다.
❹ 같은 문제를 가지고 있는 사람은 서로를 더 잘 이해할 수 있다.

2 다음 중 '단주모임'에 대한 설명이 <u>아닌</u> 것은 무엇입니까?

❶ 알코올 중독자들이 참석하는 모임이다.
❷ 심한 중독자에게는 도움이 되지 않는다.
❸ 술을 끊으려는 사람들이 참석하는 모임이다.
❹ 모임에 참석한 사람들의 조언이 많은 도움이 된다.

3 단어와 뜻을 맞게 연결하십시오.

1) 고통　　•　　　　•　가. 도움을 주는 말
2) 중독　　•　　　　•　나. 모임이나 회의 등에 참여함
3) 조언　　•　　　　•　다. 몸과 마음의 괴로움과 아픔
4) 참석　　•　　　　•　라. 술이나 알코올 등이 없이는 견딜 수 없는 상태

4 암 환자들은 모임에서 어떤 도움을 받습니까?

5 '동병상련'의 마음을 느끼는 경우가 <u>아닌</u> 것은 무엇입니까?

❶ 직장을 잃은 사람끼리
❷ 태풍 피해를 입은 사람끼리
❸ 아름다운 외모를 가진 사람끼리
❹ 자식이 병을 앓고 있는 부모끼리

함께해요

1 '동병상련'은 같은 입장에 놓인 사람끼리 서로 가엾게 여기는 것을 말합니다. 여러분은 동병상련의 마음을 가져 본 적이 있습니까?

2 여러분이 만약 동병상련의 모임을 만든다면 어떤 이유에서 어떤 목적의 모임을 만들고 싶습니까?

3 동병상련의 사람 찾기

여러분의 고민은 무엇입니까? 같은 고민을 가진 사람을 찾아 서로 조언해 줍시다.

나의 고민	동병상련의 사람	조언하기
1) 담배를 너무 많이 피워요.	동수	① 담배 대신 사탕을 드세요. ② 담배 대신 껌을 씹으세요.
2)		
3)		
4)		

 **동병상련이야기**

"우리가 도울 차례" 자원봉사 물결 잇따라

강원도에서 발생한 산사태로 피해를 입은 수재민들을 돕기 위해 4년 전 태풍 '루사'로 큰 피해를 입었던 강릉 주민들이 **동병상련**의 마음으로 자원봉사에 나섰습니다. 무너져 내린 흙에 집이 파묻혀 한숨만 쉬던 82살의 심 할머니를 도우러 강릉에서 아주머니 20여 명이 찾아왔습니다.

"우리도 태풍으로 피해를 입었었는데, 그 때를 생각하니 이 분들이 힘드실 것 같아서 봉사하고 있습니다."

"어제는 살고 싶은 생각이 없었어. 난 자꾸 눈물이 났어. 많이 도와주셔서 고맙습니다."

오늘 하루 이곳에서는 자원봉사자 1000여명을 포함해 모두 2천명이 넘는 사람들이 수재민을 도왔습니다.

추석 연휴는 괴로워

명절 때 가족과 만나지 못하고 홀로 지내는 사람들에게 올 추석은 더 힘들 것으로 보인다.

노처녀 이영주 씨(34). 5일 동안 계속되는 이번 추석은 막막하기만 하다. '결혼 안 하느냐'는 부모님의 잔소리가 생각나 집에 가지 않기로 했는데 하나 남은 친구마저 올해 초 결혼을 해서 연휴 기간 중 같이 지낼 **동병상련**의 친구가 없기 때문이다.

취업준비생 김철주 씨(28). 모든 사람들이 쉬는 명절이지만 김 씨와 같은 취업준비생들에게 5일은 '금쪽같은 시간'이다. 김 씨는 인터넷 사이트를 통해 만난 **동병상련**의 처지인 취업준비생들과 '추석 스터디'를 만들었고, 회원들의 집에서 공부를 하기로 했다.

자초지종(自初至終)

자초지종

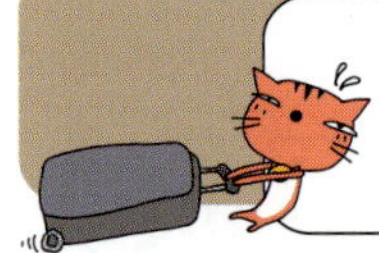

신라의 신문왕은 돌아가신 아버지 문무왕을 위해 동해 바닷가에 '감은사'라는 절을 지었다. 그런데 다음 해 동해 바다에 작은 섬이 나타나 감은사 쪽으로 왔다 갔다 한다는 소문이 나자 왕은 신하에게 점을 치게 했다. 신하는 돌아가신 문무왕이 바다의 용이 되어 나라를 지키고 있는데, 신라의 평안을 위해 보물을 주려고 한다고 말했다.

왕이 기뻐하며 바닷가에 가 보니 정말 섬이 있었다. 신하가 배를 타고 가서 섬을 살펴본 후, 섬에서 있었던 일의 **자초지종**을 왕에게 자세히 말했다. "섬 위에 대나무 한 그루가 있었습니다. 그런데 그 대나무는 낮에는 둘로 갈라지고 밤에는 하나로 합쳐졌습니다."

신하의 이야기를 듣고 신기하게 생각한 왕이 섬에 가려고 하자 갑자기 대나무가 합쳐져서 하나가 되었다. 하늘이 어두워지더니 8일 동안 비가 오고 바람이 불었다.

날씨가 좋아지자 왕은 배를 타고 섬으로 갔다. 섬에 도착한 왕 앞에 용이 나타나서 말했다. "한 손으로는 소리를 낼 수 없지만 두 손이 마주치면 소리가 나는 것처럼 이 대나무도 하나로 합쳐질 때 소리가 납니다. 이 대나무로 피리를 만들어 불면 세상이 평안해질 것입니다." 왕이 대나무를 베어 섬에서 나오자 섬과 용이 사라졌다.

그 후 이 대나무로 만든 피리를 불면 적군이 달아나고 사람들의 병이 나았다. 또 가뭄에는 비가 오고 장마에는 비가 그쳤다. 사람들은 피리가 영원히 신라를 지켜줄 것이라고 믿었다.

▶ **자초지종**(自初至終): 처음부터 끝까지의 과정.
- 화만 내지 말고 **자초지종**을 말해 보세요.
- 사건의 **자초지종**을 아는 사람은 아무도 없었다.
- 어머니는 **자초지종**도 듣지 않고 내가 우산을 잃어버렸다고 꾸중하셨다.

연습해요

1 글의 내용과 맞으면 O, 틀리면 X 하십시오.

1) 대나무는 둘로 갈라질 때 소리가 난다. (　　)
2) 피리를 불자 적이 달아나고 병이 없어졌다. (　　)
3) 신하는 대나무가 갈라지고 합쳐지는 이유를 설명했다. (　　)
4) 신하는 문무왕이 죽어서도 나라를 지키고 있다고 말했다. (　　)

2 글의 순서에 맞게 쓰십시오.

(　　) → (　　) → (　　) → (　　) → (　　)

> 가. 왕은 배를 타고 섬에 갔다.
> 나. 바다에 작은 섬이 나타났다.
> 다. 왕은 기뻐하며 바닷가로 갔다.
> 라. 대나무를 베어 피리를 만들었다.
> 마. 용이 나타나 피리에 대한 이야기를 했다.

3 글의 제목으로 가장 알맞은 것은 무엇입니까?

❶ 동해에 나타난 섬
❷ 나라를 지켜주는 피리
❸ 둘로 나눠지는 대나무
❹ 바다의 용이 된 문무왕

4 다음 중 '자초지종'을 말하고 있는 예가 <u>아닌</u> 것은 무엇입니까?

❶ 국제전화가 와서 이야기를 하다가 늦었어요.
❷ 어제 친구 생일 파티를 하느라고 숙제를 못했어요.
❸ 눈이 너무 많이 와서 비행기가 출발하지 못했어요.
❹ 할 얘기는 너무 많지만 지금은 다 말할 수가 없어요.

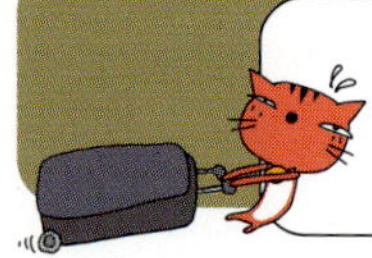

함께해요

자초지종을 말해 봅시다.

	자초지종을 말해 보세요.
중요한 시험을 치는 날입니다. 그런데 늦게 왔습니다.	선생님 __________
한 달 용돈을 받은 지 일주일 만에 다 써 버렸습니다.	
유학 갈 기회가 있었는데 포기했습니다.	
3년 동안 공부해 오던 전공을 바꿨습니다.	

한자어 공부

1 초(初)-처음

- **초복(初伏)** 첫 번째 복날
  - –삼복은 초복, 중복, 말복을 뜻합니다.
  - –오늘은 초복이라서 삼계탕을 먹었어요.

- **연초(年初)** 새해의 시작
  - –연초에 새운 계획을 잘 지키고 있어요?
  - –연초마다 계획을 세우지만 작심삼일로 끝난다.

- **초기(初期)** 처음이 되는 때
  - –암을 초기에 발견해서 다행이에요.
  - –연애 초기에는 상대방의 장점만 보여요.

2 말(末)-끝

- **결말(結末)** 일의 끝
  - –그 영화의 결말은 너무 슬프다.
  - –시작이 좋으면 결말도 좋습니다.

- **연말(年末)** 한 해의 마지막 부분
  - –요즘 연말이라 모임이 많아요.
  - –연말에는 가난하고 어려운 이웃을 먼저 생각합시다.

- **주말(週末)** 일주일의 끝부분
  - –주말에는 수업이 없으니까 영화나 봅시다.
  - –이번 주말에 가족과 같이 제주도에 가기로 했어요.

연습해요 정답

01 일석이조

1 ④
2 1) 칭찬을   2) 퇴근
   3) 고장이   4) 용돈을
3 아버지한테 용돈을 받아서
4 할머니를 도와드려서 기분이 좋고 착한 일을 했다고 아버지한테 용돈도 받은 것
5 ②

02 현모양처

1 ②
2 ②
3 ①
4 현모양처
5 아이들에게 좋은 어머니이고 남편에게는 좋은 아내

03 막상막하

1 ③
2 축구와 줄다리기
3 라 → 나 → 다 → 가
4 1) 경기를   2) 기분이
   3) 일등을

04 진수성찬

1 ④
2 ③
3 이사를 해서
4 이사를 하면 친한 사람들을 집으로 초대해서 같이 밥을 먹는 것
5 맛있는 음식을 많이 준비해서

05 천진난만

1 1) X   2) O   3) O   4) O   5) X
2 ④
3 ④
4 아이들과 함께 솜사탕을 먹고, 장난을 치며 웃는 모습

06 일편단심

1 ①
2 ②
3 마 → 나 → 다 → 가 → 라
4 1) 피었다
   2) 변하지
   3) 지나도 / 지났지만

07 모순

1 ②
2 상인의 창은 무엇이든지 뚫을 수 있다
  고 하면서 상인의 방패를 뚫을 수 있는
  것은 없다고 했다.
3 상인의 말이 앞뒤가 맞지 않았기 때문에,
  상인의 말이 모순이었기 때문에
4 1) 날카로우니까   2) 뚫었어요
  3) 찔러   4) 튼튼해요

08 만수무강

1 ④
2 ③
3 빨리 어른이 되고 싶어서
4 1) 어른들에게   2) 떡국을
  3) 차례라고

09 작심삼일

1 1) O   2) X   3) X   4) O
2 나 → 다 → 라 → 가
3 1) 아침 6시에 일어나기
  2) 외국어 공부를 하루에 5시간 이상
     하기
  3) 담배 끊기
4 오후 1시에 일어났고, 공부도 못하고,
  담배도 피워서

10 선입견

1 ④
2 친절하지 않고 자기만 생각한다,
  친구를 무시하고 선배에게 예의가 없다.
3 1) 성격의   2) 소문을   3) 예의가
4 ③

11 구사일생

1 ③
2 ④
3 자기를 잡아먹으려는 호랑이 때문에 앞
  만 보고 달려서
4 라 → 나 → 다 → 가

12 만장일치

1 ①
2 ①
3 멀미를 하기 때문에 먼 곳에 갈 수 없어서
4 1) 결정했다   2) 찬성한
  3) 설득해서   4) 양보했다
5 ③

13 천고마비

1 ②
2 1) 다   2) 나   3) 라   4) 가
3 텔레비전 드라마에서 보았는데 아주 예
  뻐서
4 날씨가 시원해서 책 읽기에 좋아서
5 말을 타고 달리니까 드라마의 여자 주
  인공이 된 것 같았다, 하늘이 정말 맑고
  높았다.

14 권선징악

1 ①
2 ③
3 제비에게 박씨를 얻어 흥부처럼 쌀과 돈과 많은 보물을 가지려고
4 1) 맞았어요   2) 쫓아냈어요
  3) 얻은   4) 치료해

15 조강지처

1 1) X   2) X   3) O   4) O
2 1) 나   2) 라   3) 가   4) 다
3 가난할 때 서로 도운 아내,
  싸고 좋지 않은 음식을 먹으며 함께 고생한 아내
4 송홍과 결혼하고 싶지만 그의 말이 맞기 때문에

16 동문서답

1 ②
2 결혼식이 끝난 후에 신랑과 신부가 다시 한복으로 갈아입고 부모님과 친척들에게 큰절을 하는 것
3 아기를 많이 나으라고
4 1) 깨웠는데도   2) 놀랐다
  3) 소용 없습니다   4) 졸다가

17 횡설수설

1 ③
2 ①
3 1) O   2) X   3) O   4) X
4 심사하는 선생님과 눈이 마주쳐서

18 어부지리

1 ③
2 어부
3 1) 물고   2) 마른다
  3) 쬐고   4) 양보하는

19 비몽사몽

1 ③
2 ④
3 1) 들려주었다   2) 기억하지
  3) 의논한다
4 ③

20 부전자전

1 공항
2 ③
3 ③
4 얼굴이 닮았기 때문에

21 우왕좌왕

1 ③
2 ②
3 유명한 한국 배우와 세계적인 감독을 만났고 한국에서 보기 힘든 영화도 봤다.
4 1) 지나가서   2) 해맸다
  3) 신나게   4) 열린다

22 동고동락

1 ③
2 죽은 아내가 보고 싶어서
3 힘든 일과 즐거운 일을 함께 함.
4 1) 나 2) 가
　 3) 라 4) 다

23 팔방미인

1 ③
2 ①
3 여러 가지를 아주 잘하는 사람
5 ②

24 이열치열

1 ③
2 1) 나, ㉠ 2) 가, ㉡
3 몸을 따뜻하게 만들어 더위를 이기려고
5 1) 끓이고 2) 안 지킨다
　 3) 흘리지

25 동상이몽

1 ②
2 1) O 2) O 3) X 4) X 5) O
3 1) 가 2) 나 3) 라 4) 다

26 설상가상

1 ③
2 바쁘게 일만 하다가 친구들과 여행을
　 하게 되어서
3 길을 잃어버렸다, 지도가 없었다,
　 비가 왔다, 번개가 쳤다.
4 1) 간단하게 2) 다행히
　 3) 무사히

27 유언비어

1 1) X 2) O 3) X 4) O
2 선화공주가 서동을 좋아해서 밤마다 서
　 동의 집으로 간다.
3 ②
4 1) 다 2) 가 3) 나

28 우유부단

1 1) X 2) O 3) X 4) O 5) O
2 ③
3 1) 사귄다 2) 화가 나서
　 3) 고민하느라고 4) 선택하는

29 죽마고우

1 ③
2 부자에게 빼앗긴 소를 찾아 달라고
3 벌을 받을까봐 무서워서
4 어릴 때부터 함께 놀고 공부하던 친구
5 1) 빼앗았다 2) 현명한
　 3) 쫓겨나서 4) 극복하기

30 고진감래

1 ②
2 ③
3 1) 상을   2) 환경이
   3) 고생을   4) 희망을
4 ③

31 금시초문

1 ④
2 자신들이 한 일을 사람들에게 알리고 싶지 않아서
3 1) 가   2) 나   3) 라   4) 다
4 ④

32 백발백중

1 ③
2 가족들에게 나쁜 일이 생길까봐
3 가족들에게 나쁜 일이 생기지 않기를 바라기 때문에
4 1) 돌보는   2) 부딪쳤다
   3) 맞다고   4) 다친
5 ①

33 학수고대

1 1) O   2) O   3) O   4) X   5) X
2 1) 다   2) 가   3) 나
3 큰아버지를 만나기 며칠 전에 할머니가 돌아가셔서

34 다정다감

1 1) X   2) O   3) O   4) O
2 한국말을 모르는 것
3 실수를 해도 화를 내지 않고 자상하게 설명해 주셨다.
4 한국어책을 사주고 먼 곳까지 가서 베트남 음식도 사 주었다.
5 1) 위로했다   2) 자상한
   3) 우스워서   4) 적응하느라

35 이구동성

1 1) X   2) O   3) O   4) O
2 ②
3 한국 축구팀의 빨간색 유니폼과 응원단 붉은 악마 때문에
4 경기의 재미와 응원
5 ②

36 대기만성

1 ①
2 최염은 외모와 인품이 훌륭하지만 최임은 몸이 약하고 외모가 평범해서
3 훌륭한 사람이 되기까지는 오랜 시간이 걸린다.

37 전화위복

1 ②

2 ④

3 할아버지가 갑자기 돌아가시고 할머니도 건강이 좋지 않아서 삼촌이 돈을 벌어야했기 때문에

4 직장을 그만두었지만 의과대학에 합격해 꿈을 이룰 수 있는 기회를 얻었다.

5 1) 다　　2) 나　　3) 가

38 내유외강

1 1) X　　2) O　　3) X　　4) O

2 1) 항상 친구처럼 우리 이야기를 잘 들어주신다.

　2) 언니가 병원에 있는 동안 한번도 지친 모습을 보이지 않았다.

3 1) 부드럽고　　2) 표현하지

　3) 의지한다

39 애지중지

1 ②

2 1) 가　　2) 라　　3) 다　　4) 나

3 내가 애지중지하는 모형 자동차를 동생에게 주라고 해서

4 미안하고 고마운 마음

5 ①

40 다다익선

1 ③

2 가 → 라 → 마 → 나 → 다

3 병사의 수가 많으면 많을수록 지휘를 잘할 수 있다.

4 1) 임명했다　　　　2) 감시했다

　3) 지휘하는

41 이심전심

1 1) X　　2) O　　3) X　　4) O

2 낡은 옷을 입고 다니고 얼굴도 이상하게 생겨서

3 전쟁에서 이기지 않으면 고구려로 돌아가지 않겠다고 약속했기 때문에

5 ②

42 속수무책

1 ②

2 낮에 나그네가 죽인 구렁이의 아내

3 나그네가 살려준 꿩이 종을 세 번 울려줘서

4 1) 마주쳤다　　　　2) 사라졌다

　3) 울리는

43 새옹지마

1 ①

2 ③

3 1) 피하다가　　　　2) 위로한다

　3) 현명하다

4 ②

44 주객전도

1 ③
2 ①
3 나 → 다 → 가 → 마 → 라
4 화가 났을 것이다
5 ④

45 십중팔구

1 ②
2 1) X   2) O   3) O   4) X   5) O
3 ④
4 참말을 하더라도 거짓말을 할 때처럼 맥박
  과 혈압이 변하는 경우가 있기 때문에
5 ③

46 불가사의

1 ①
2 1) 다   2) 라   3) 나   4) 가
3 사람의 생각으로는 설명할 수 없는 신비한 것
4 전화와 인터넷을 이용하여

47 자업자득

1 ①
2 ①
3 1) 다   2) 가   3) 라   4) 나

48 일장일단

1 ③
2 ④
3 ①
4 ④

49 동병상련

1 ③
2 ②
3 1) 다   2) 라   3) 가   4) 나
4 치료에 대한 정보를 나누고 환자 자신들이 겪
  고 있는 고통에 대해 이야기한다. 이를 통해
  살아야겠다는 의지를 갖게 된다.
5 ③

50 자초지종

1 1) X   2) O   3) X   4) O
2 나 → 다 → 가 → 마 → 라
3 ②
4 ④